錢文忠史學

一

余秋雨

錢文忠 著

上海文藝出版社

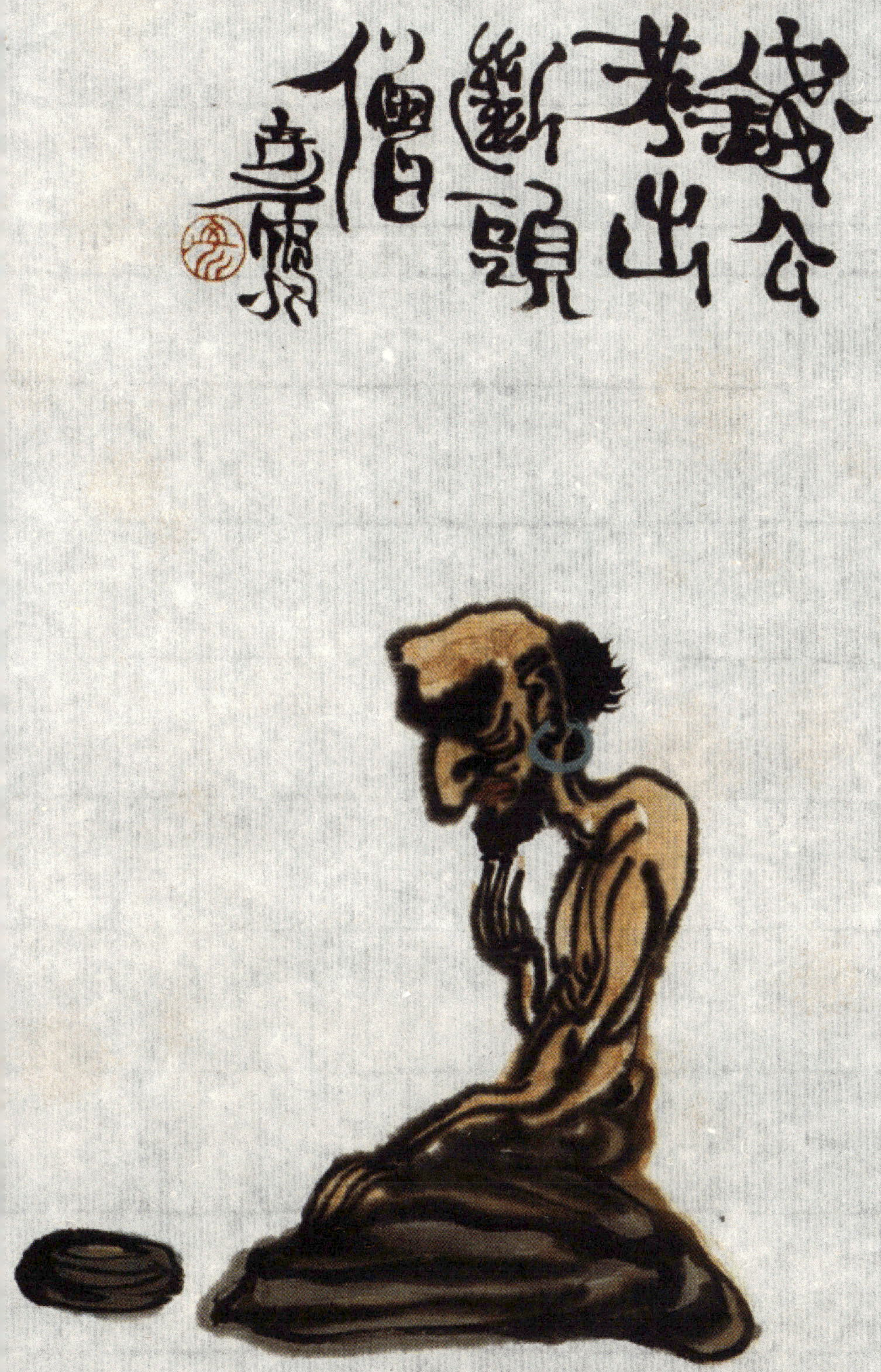
錢公
老出
斷頭
僧
彥寫

兩岸
青山
相對
出
讀文忠
論陳季
二公文寫
也 彥

清園之思
久不見先生

錢教授正名

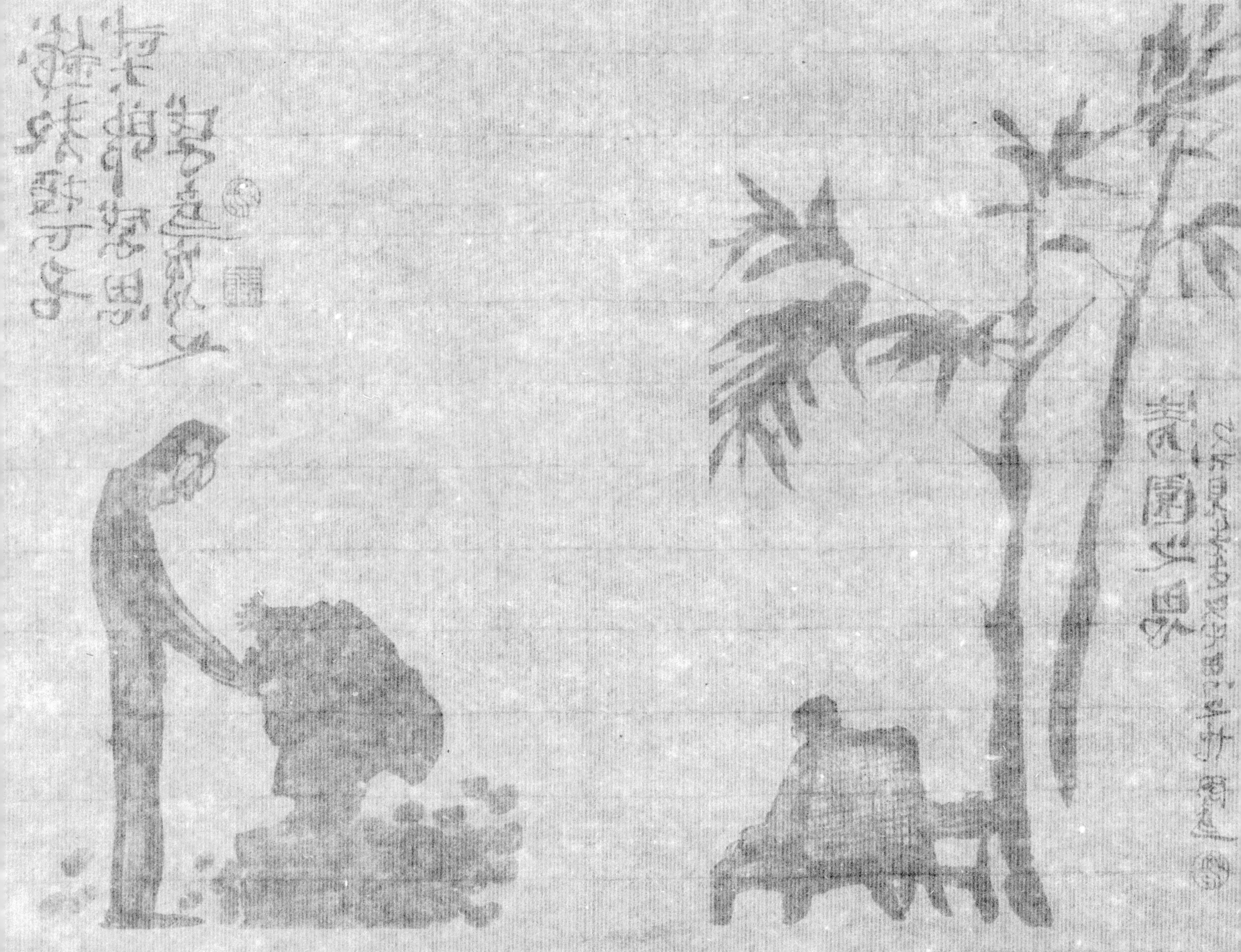

目録

卷四

《錢文忠内外學》自序

大凡祇要是還能够從中國的傳統中感受到哪怕一絲温暖的讀書人——請留意，我說的是『讀書人』，這并不能完全等同于『專家』、『學者』或者『知識份子』——有誰會不樂于看到自己的文字以中國傳統的形式問世呢？那，意味著宣紙，意味著繁體，意味著直排，意味著綫裝，意味著函套……其中的意蘊是數不盡的，也是道不明的，然而，終有一份恒久的悠揚在讀書人的心神最深處回蕩。

所以，當印刻出版有限公司的初安民先生表示有意在臺灣印行我的《玄奘西遊記》時，我再三强調的祇有一個條件：希望直排印刷。但是，我爲什么如此地喜歡繁體直排呢？理由不必說，其實也未必說得清楚。于是，我就在臺灣版《玄奘西遊記》『自序』中寫下了這樣的幾段話：

> 這個要求裏面當然隱含著我對中國文化傳統的珍愛和追慕，我想，這是兩岸的讀書人都不難理解的。同時，却也還有一點小小的原因，我願意在這裏寫出來，與大家分享。
>
> 由上海書店出版社出版的『十力叢書』前附有德高望重的王元化先生的《序：讀熊十力札記》，這是一篇精彩的大文章。王元化先生特別標舉出熊十力先生讀書方法的精要，凡十六字：『沈潛往復，從容含玩』、『必謹缺疑，而無放失』。這對我發生了震撼，令我反思自己乃至當代人的讀書態度和方法。我還想起一件依然和熊十力先生有關的逸事。一位後來也卓然成家的大學者，早年向熊十力先生請教。他對著熊十力先生，滔滔不絶地批評自己所讀過的一部古書。不料，熊十力先生拍案大怒：你讀書應該先讀出書的好來，還没有讀透就肆意批評，難道這算是讀書嗎！？這位先生受此棒喝，若受電然，由此幡然醒悟。
>
> 王元化先生的文章和熊十力先生的逸事，說明的都是大道理。我在堅持直排的時候，想的却是一個小問題。讀直排的書，腦袋是上下移動的，似先表敬畏之心；讀横排的書，腦袋是左右晃動的，似先露輕蔑之意。哪種比較接近于熊十力先生的心意呢？竊以爲，應該是前一種。說出來，或許有點小題大作的可笑，却是我内心真實的想法和考慮。

讀者當然明白，我并不是叫大家敬畏我的文字，我還不至于狂妄到如此地步。我祇不過想說，繁

體直排的洋裝書，已經很讓我開心了。

至于繁體直排宣紙綫裝，在我，那原本是一個遥遠得連想法也到達不了的美夢。今天，居然能够化爲現實，我不能不由衷地感謝上海文藝出版社郟宗培總編輯的雅意。郟總編輯懂讀者，懂作者，更懂得書。

我還要感謝爲我的文字費心費力的上海書店出版社的領導和編輯們，他們用自己的付出極大地豐富了我的生命。無論我的文字走向何方、走到多遠，都將和他們不離不弃，相伴隨行。

這部書是由上海文藝出版社的編輯吕晨女史選定和編輯的。她是我的摯友錢鋼教授的弟子，這份因緣更讓我感受到一份温暖。

書名是由余秋雨教授在百忙中賜題的，由金克林兄居中聯絡安排。我垂涎于余先生的墨寶久矣，這部書爲我提供了還算堂皇的藉口。謝春彦先生是滬上著名畫家、評論家，也是我們一衆兄弟的老大哥，他慷慨地為本書繪製了十餘幅插圖。高情厚誼，已非一個『謝』字可以面對的了。

宣紙、繁體、直排、綫裝、函套、題簽、插圖，這部《錢文忠内外學》真可謂因緣殊勝、諸美兼具。唯一的遺憾是，恐怕我的文字并配不上這般的華美。

戊子春于滬上履冰室

卷一

古代印度的現代啓示

古代的中國人曾經從印度獲取過許多啓示，這些啓示主要是通過佛教來傳達的。若想領會這些價值不菲的啓示，就必須去研究佛教與中國的關係。

佛教早已深深潛入我國文化的骨髓之中，久而久之，吾人竟難以覺察了。從我們這些自居爲孔老夫子門生的人的口中，遇上一件什麽妙事，以手加額，口宣的是『阿彌陀佛』——這一下子就著了道兒，犯了『子不語』的忌諱。

不過，隨著佛教的『洋味兒』越來越淡，國人對它的興趣也江河日下。清代漢學的開山祖師顧炎武對佛教就很不感冒。他曾毫不掩飾地宣告：

> 生平不讀佛書，如《金剛經解》之類，未曾見也。（《二曲集》卷一六書牘上收書札一通，此據《顧亭林詩文集》）

若是早上幾百年，顧老先生非但不會擁有『開山祖師』之類的美譽，大概還會被人看成是茫無知識的鄉野之人呢！

有意思的是，在鴉片戰爭的隆隆炮聲尚且縈耳，滾滾硝烟尚未散盡的十九世紀末，佛學却一下子在神州大地復興了。當時的盛況，不讓隋唐。爲什麽？

一代通儒義寧陳寅恪先生早已參透了其中的奧妙：

> 是以佛教學説，能於吾國思想史上，發生重大久遠之影響者，皆經國人吸收改造之過程。其忠實輸入不改本來面目者，若玄奘唯識之學，雖震動一時之人心，而卒歸於消沈歇絶。近雖有人焉，欲然其死灰，疑終不能複振。其故匪他，以性質與環境方圓鑿枘，勢不得不然也。六朝以後之道教，包羅至廣，演變至繁，不似儒教之偏重政治社會制度，故思想上尤易融貫吸收，凡新儒家之學説，幾無不有道教，或與道教有關之佛教爲之先導。（《馮友蘭〈中國哲學史〉下册審查報告》）

寅恪先生的這段話是否有所指，可先不論。它至少可以使我們明白：我們今天面對各種外來學説時所感受到的困惑以及選擇的趨動，上世紀初新文化運動與五四運動前後的先輩們也曾同樣地感受到過；西元初年面對佛教這一『西方學説』的先民們也曾感受到過。研究佛教也就不僅有助於我們更深刻地理解我國已有的文化，還有助於我們創造未來的新文化。今天，當我們面對以叔本華思想、尼采精神或弗洛伊德學説爲『軟載體』，以現代化電器、豪華轎車、肯德基家鄉鷄或可口可樂爲『硬載體』的西方文化時，大可不必驚慌失措而兩股戰戰幾欲先走。暫時返回到歷史中去吧，我們面前有一部古老的現代啓示録，就看我們會不會讀了。寅恪先生在上引文章中又説道：

> 竊疑中國自今日以後，即使能忠實輸入北美或東歐之思想，其結局亦當等於玄奘唯識之學，在吾國思想史上，既不能居最高之地位，且亦終歸於歇絶者。其真能於思想上自成系統，有所創獲者，必須一方面吸收輸入外來之學説，一方面不忘本來民族之地位。此二種相反而適相成之態度，乃道教之真精神，新儒家之舊途徑，而二千年吾民族與他民族思想接觸史之所昭示者也。

這裏的『二千年』云云，自然是從佛教傳入中國算起的了。寅恪先生是當之無愧的能讀懂這本啓示録的博學通儒。

當然，這部啓示録并不是那麼容易就能讀的，幸好，我們現在又有了一本『導讀』，便是季羨林先生的《佛教與中印文化交流》。此書的範圍不限於佛教，所以確切地講，它是一部『古代印度啓示録導讀』。自然，一本好書有無量功德，造無數福田，吾人亦可有各種各樣的讀法。在這篇小文裏，我想斗膽談一下在此書引導下而得的幾個小啓示。既不避佛頭著糞之嫌，亦不顧貽笑大方之憂。

佛教的起源地印度富有幻想與哲學的傳統，但没有信史的傳統。這就使得史學研究面臨無米下鍋的境地。所以歐洲學者一般都悄悄地繞過佛教的歷史起源這頭佛教研究中的攔路虎。這豈不是要我們不考慮當時的社會現實，却直接面對像其他宗教一樣，也是現實的反映的佛教嗎？《原始佛教的歷史起源問題》全面考察了當時的印度社會。佛教興起時的印度并不像基督教興

起時的羅馬一樣，是一個『經濟、政治和道德普遍瓦解的時代』。（恩格斯《布魯諾・鮑威爾和原始基督教》）雅利安人在原始居民的影響下逐漸由遊牧轉向農耕，這就是佛教爲什麽要强調『非殺』，因爲如果它想盡可能多地獲取信徒，它就必須代表農耕文化，所以它的主要基礎是以農民爲主體的吠舍種姓，反對婆羅門提倡的殺牲（主要是牛）也是情理之中的了。從政治制度上來看，在雅利安人比較集中的地方，新興的國家都采用民主制，因此佛典的律中就有民主制的成分。如果有人認爲這樣的歷史研究不够精細的話，那麽先請他去咀嚼一下黑格爾的這一段話：『没有比印度人的年代記載更紛亂、更不完全的。没有一種民族在天文學、數學方面已經如此發達而對於歷史學却如此之無能。』（《哲學史講演録》第一卷）《原始佛教的歷史起源問題》研究的就是這麽一個物件。今天我們面對的形形色色外來學説的發源地幸好不是印度。我們有很好的條件去研究這些學説的歷史文化背景。倘若不加考察，就把某一種學説看成是天經地義、至高無上的東西，那只是自任傻瓜，自己倒楣，實在是怨不了别人的。

歷史産生某種學説，也會産生某位偉人，但歷史并没有將偉人保送上神壇的責任與義務。不過，偉人也不是光靠了自己的脚就能走上神壇的，大約總有一幫子轎夫、吹鼓手在邊上連吹帶捧，連哄帶騙。佛祖釋迦牟尼至少是在涅槃後著了道兒。雖然他確實聰敏過人，意志堅韌，信念堅定，但在本質上他也是一個常人。後世的信徒們替他披上了神袍，并且在受希臘羅馬以凡人人體爲模特的雕塑藝術影響而形成的犍陀羅藝術中首次出現了佛像，腦後還出現了一道光環。這道光環迷住了自稱有科學的理性頭腦的近現代西方學者，他們也難於將釋迦牟尼請下神壇，不僅没有請下來，還將他捧入了太空。例子可以信手拈來。塞納（Senart）在他的名著《論關於佛陀的傳説》（Essai sur la Légende du Buddha，一八七三—一八七五）裏雖然使用了在今天也多見應用的比較神話學方法，却仍認爲佛陀是位太陽英雄。差不多十年以後（一八八二—一八八四），荷蘭學者柯恩（Kern）出版了兩卷本的巨著《佛教與它在印度的歷史》（原本荷蘭語，德文譯本 Der Buddhismus und seine Geschichte in Indien，一八八二—一八八四；法文譯本 Histoire du Buddhisme dans L'Inde，一九〇一—一九〇三）。在這本名滿一時的書裏，柯恩就毫不猶豫地抓過一大把恒星、行星來比附佛陀，最終認爲佛陀是個太陽神。這些説法在今天看來自可一笑置之。不過笑過之餘，我們會不會爲了自己曾迷戀過尼采的超人學説而自嘲一番呢？其實，尼采思想中阿波羅的（Apollinian）成分就是太陽光芒的反射。看來在那個時代，爲理想人物找個太陽作伴是一種風

尚，尼采起了一個不大不小的時髦。無論如何，如果我們真正想更深刻地理解某一位偉人，那麽最好還是把他當人而不是當神看。《論釋迦牟尼》考察了他的名字、家族、生平、教義、説法方式及對社會改革的看法，將佛祖請下了神壇，使他成爲我們研究的物件。

黑格爾在《哲學史講演録》第一卷中説道：『……「棱迦」（Lingam），表示自然物的創生力與活動力，在一切印度人的觀念中占有很高的地位。』『棱迦』就是『男根』（男性生殖器）的象徵，代表性崇拜或生殖崇拜。今天我們看到的各式各樣的寶塔，據有些學者的意見，可能由此發展而來。生殖崇拜在古代印度有很重要的地位，印度還是某些類型的生殖崇拜的發源地，影響過周邊民族或地區。比如説，在我國古代的宇宙觀中，『安荼』論曾扮演過重要的角色。『安荼』就是梵文anda的音譯，意譯爲『卵』（饒宗頤先生《安荼論anda與吴晋間之宇宙觀》）。這裏就有生殖崇拜的痕迹。著名古港泉州笋江邊甌山上有一棵建於北宋之前的三米高的『石笋』，其實也就是『棱伽』。用生殖崇拜來詮釋古典，中外都大有人在。但是，雖然有人注意到了印度最古老的典籍《梨俱吠陀》中有男女交媾的暗示，却都没能再深入一步。《〈梨俱吠陀〉幾首哲學贊歌新解》研究了《生主歌》（《梨俱吠陀》一〇・一二一）、《造一切者之歌》（一〇・八二）與《無有歌》（一〇・一二九），得出了一個看上去很簡單的公式：獨一之彼（ekam或tat ekam）=生主（Prajāpati）=linga=男根。《〈生殖崇拜文化論〉序言》是爲趙國華先生的『奇書』《生殖崇拜文化論》所作的序。季羨林先生認爲：『趙國華提出來的問題中，有一點是具有理論意義和世界意義的，比如他反駁幾乎已成定論的「圖騰説」，我看他是持之有故、言之成理的，相信會得到大多數學者的承認。他又反駁了外國一些學者主張的「中國文化西來説」，同樣是有根有據的。他還駁斥了德國學者格羅塞的藝術起源於生産活動的理論。我覺得他的理由很充分。我聯帶想到了我們一向奉爲金科玉律的普列漢諾夫的所謂馬克思主義的藝術起源的理論。根據趙國華的看法，我們也必須重新評價這個理論。僅此一項就能看出趙國華的論證對我們有多大啓發了。』當然，我們得到的啓發遠不止這些。生殖崇拜研究在不遠的將來一定能蔚爲顯學，在這個領域中，巧婦不愁無米下鍋。就中國而言，甲骨文的申就是男性生殖器的形象，表示的意思却赫然是『神』！生殖崇拜并不重男輕女。前幾年有一項考古學上的重要發現，那就是遼寧紅山文化重見天日。在衆多的發現物中，有一尊女神像特别引人注目。女陰與乳房部位都有明顯刻畫痕迹，乳房臀部都十分豐滿碩大，這是明顯的生殖崇拜的產物。這一類的女神像也叫作『維納斯』女神像，

又因爲它最早出土於法國的威廉多夫而稱『威廉多夫女神像』。生殖崇拜在遠古時代肯定是一種遍布全球的文化現象，直至今日仍有遺存，有人就認爲，蒙古包前面用來拴馬的柱子也是『棱迦』的遺迹。我相信，趙國華先生『等到生殖崇拜文化的研究全面而深入地開展起來，中國和世界早期的文化史都需要重寫』的預言總有應驗的一天，而且這一天不會太遠。

兩種或多種文化相互交流時，必然有一個中間區域。今天的傳播技術使得這個中間區域越來越模糊，實際上已失去了有形的疆域邊界，古代的情况是完全不同的。在《西域在文化交流中的地位》一文中，季羡林教授認爲，真正能獨立成爲體系、影響比較大又比較深遠、特點比較鮮明的文化體系只有四個：中國文化體系、印度文化體系、閃族伊斯蘭文化體系、希臘羅馬西方文化體系。前三者屬於東方文化體系群，後一個自成西方文化體系群。西域地處東西兩大文化體系群的中間，是東西文化交流的必由之路。在東方文化體系群的内部，各民族之間的文化交流，有時候也要通過西域。這個論斷不僅有歷史學的根據，也有語文學上的根據。至於歷史學上的根據，二十四史俱在，不用爲蛇足之談；至於語文學上的根據，有些是十分有趣的。别的不談，就談和佛教有關的吧。『佛』不是直接譯自梵文的 Buddha，而是間接譯自中亞新疆小國語言的 but；『浮屠』也不是直接譯自梵文的 buddha，而是譯自大夏（大月氏）語的 bodo、boddo、boudo（《再論浮屠與佛》）；『彌勒』也不是譯自梵文的 Maitreya，而是來自吐火羅語的 Metrak（《梅呾利耶與彌勒》）；『恒河』不是譯自梵文的 Gaṅgā，而譯自吐火羅語 A（焉耆語）的 Gaṅk 或 B（龜兹語）的 Gaṅ 或 Gaṅk；『須彌』也不是譯自梵文的 Sumeru，而是譯自吐火羅語的 Sumer（《吐火羅語的發現與考釋及其在中印文化交流中的作用》）。語文學還提供了令人更爲心曠神怡的『倒流』的例證，在收入本書的《説『出家』》裏，季羡林教授令人信服地指出，漢語中的『出家』不是像一般情况那樣譯自吐火羅語，而是反過來，吐火羅語的 wastaṣ lät 或 läṅt、ost（a）meṃ lät 是譯自漢文的『出家』。不搞清楚中間地域文化匯流的情况，就不可能整個地理解文化交流。就佛教研究而言，就不能避免『佛陀略稱爲佛』之類的笑話。

在中間地域越來越模糊的今天，我們就必須更加重視對中間環節或中間導體的研究。比如説，前一陣子有人責備魯迅先生翻譯的俄蘇小説有走樣之嫌。在説這種話之前，應該去找一下這些俄蘇小説的日文譯本看看，因爲魯迅先生經常從日文轉譯外國小説，責任未必應由魯迅先生承擔。再比如，有很多學者對『比較文學』這個概念不滿意，時常見諸爭論。我們首先應該明白

這四個字并不是直接來自英文的Comparative Literature或法文的Littérature comparée，也不是來自德語的vergleichende Literatur，而是直接來自一九一九年章錫琛翻譯的木間久雄的《文學研究法》，所以我們至少應該先考慮一下日本的語義環境。鴉片戰爭之後，當時的中國人有這麽一個習慣，即一碰上西洋名詞，就儘量利用日本已有的譯名。《論語·先進》：『文學，子游、子夏』，『文學』本是『文章博學』的意思，在日語裏，却用來譯英語的Literature；《説苑》：『凡武之興，爲不服也；文化不改，然後加誅』，可見『文化』原本是『文德教化』的意思，在日語裏，却用來譯culture（王力先生《漢語史稿》下册）。這不禁使我頓起痴想，本世紀初身預西域探寶隊伍的大谷光瑞伯爵自家藏版，印有兩巨册的《新西域記》。噫！就近現代中外文化交流而言，日本豈非一『新西域』哉！

再説明一下，《佛教與中印文化交流》這本『印度啓示録導讀』不像季羡林教授的其他學術論文一樣，必須正襟危坐，滿桌堆書才可通讀。在按前一種姿勢閲讀之餘，吾人或可泡上一壺清茶，沐著夏夜的微風，架起腿或躺下來讀，不過最好讀一遍之後，閉上眼睛想一想，以求有所悟。季先生大概不會以唐突無禮來責備我們吧！

佛教社會功能四題

人類歷史上出現過很多宗教，就中國而言，除了公認的五大宗教——佛教、道教、基督教、天主教、伊斯蘭教以外，還在一定時間、地域和人群内流行過其他一些宗教，比如景教、摩尼教、拜火教，以及由它們和中國民間准宗教因素相互結合而成的諸如明教、白蓮教，等等。但是，這些宗教都逐漸消亡了，没有能够像五大宗教，特别是佛教那樣産生過時間如此之長、範圍如此之廣、奉持人數如此之多的影響與作用。

佛教在歷史上曾經經歷過各種各樣的法難，而之所以能安度劫波，持久駐世，繁榮昌盛，這當然是由很多原因促成的。從宗教社會學和功能學的角度來看，佛教的創始人佛陀本身、佛法理論以及包括在家信衆在内的廣義僧伽，即佛法僧三寶從本原上所擁有的，更由三者圓融無礙的互爲依持、互爲生發的社會功能，比較之下具備了程度極高的普世性、適時性、相容性、易持性，肯定是非常重要的一個原因。

佛教的社會功能，以及其在不同條件下的發揮與實現，是一個藴義深遠的重大課題，對之必須進行深入而廣泛的研究，而這顯然不可能是本文所要完成的任務。本文不是一篇佛教史的專

題研究論文，只打算就以上幾個方面，亦即『超社群的凝聚功能』、『超專業的教育功能』、『超事相的撫慰功能』和『超界別的攝護功能』，談一談作者對佛教社會功能問題的一些粗淺的思考。需要説明的是，首先，這些方面遠遠不足以概括佛教所具備的全部社會功能，也并不是説這些是最重要的功能；其次，這些功能在佛教的發展歷史上一直得到體現，本文的重點并不在於回顧這些功能在歷史上的呈現和演進，而是對這些功能在現代社會裏的必要性略加説明；再次，這四個方面是不能彼此截然分割的，實際上是彼此包蘊相互依持的，分列出這四個方面，只是爲了使論述的不同角度能够比較明確而已。

一　超社區的凝聚功能

在現代社會，隨著開放程度的不斷提高，不可忽視的另一面則是『圈子』的意識和現實也在不斷加强。特別是在現代化程度較高的都市里，社區日益成爲處於繁忙世人家庭和社會之間的重要的生活和交往『圈子』。如果以血緣爲主要紐帶的家庭生活可以被比喻爲小『圈子』的話，那麼社區已經成了與世人的工作圈子大致平行的生活『中圈子』了。

『圈子』明顯帶有前現代社會的階層等級的遺傳基因，在現代社會裏不僅没有消失，反而還有進一步增强、進一步複雜化、進一步封閉化的趨勢，這一點似乎没有得到人們的足够重視。

在上海這樣的現代都市里，收入相當、地位類似、文化層次接近的人越來越聚集生活在價值同等的、一般挂有『私家住宅』的社區裏。都市在開放，社區在封閉，人群在分層。不能不説，這是一個無可奈何的有欠健康的現實。更令人擔憂的是，這種現象仍在日趨嚴重。

解決這個問題有多種方法，需要全社會的共同努力。無疑，佛教可以爲緩解這種封閉的社會生活狀况貢獻自己的力量。

佛教倡導『衆生平等』。無論從事的行業、所處的地位、獲得的收入有多大的不同，佛門之内一律平等。在佛光的普照下，一切不平等、一切分殊差別，都應該能够平等相待，和平共處，融洽交流。

都市里的佛教更是傾向於以寺廟爲中心，可以舉辦各種法事活動，彙聚不同背景的善男信女，發揚平等精神，將寺廟轉化爲一個體現佛法的無邊的『圈子』。這個『圈子』没有圍墻，没有保安，更没有精神的疏離和隔絶。無論多麼高傲的人，一進入這個『圈子』，都會感到自己的凡性，都要低下頭來，再不會俯視他人；無論多麼卑賤的人，一進入這個『圈子』，都會感到自己的佛性，都會擡起頭來，再不必仰視他人。

這是一種超越任何社區的平等無礙的圈子。

二　超專業的教育功能

無可否認，社會的現代化是和社會分工的明確和强化相依相隨的。現實決定了人們必須接受專業色彩日見濃烈的現代教育。這種教育使人們往縱深掘進了知識，處理特定問題的能力大大加强了。大量的專家型人才支撑了現代化的時代。現代教育是以『科學』爲精神支柱的，而『科學精神』在極大程度上是反對主觀，信奉『價值中立』的。這固然無可厚非。但是，社會現實却令人質疑，難道這就足够了嗎？接受了專業教育的人就注定是現代人了嗎？

答案是不必猶豫的『不』。觸目可見的社會現實是，物質生活的豐富，技術手段的完善，并没有使人們的道德水平得到同步提高。現代化的教育將人培養成精通機器電腦的專家，却并没有使這些專家了解自我的水平得到同步提高。前現代社會的絶大多數古老陋習的幽靈仍然在現代社會裏昂首闊步，現代社會還孵育出很多新的罪惡。

個人主義盛行，團隊意識淡漠；留意私德，無視公德；强調個人自由，藐視清規戒律；對獲取斤斤計較，對給予不屑一顧；頌揚競爭，貶斥退讓；仰望强者如雲霓，俯視弱者若草芥……

這一切是現代化的必然代價和結果嗎？對此難道就束手無策了嗎？

佛法就是消弭一切執見催人覺悟的教材，寺廟就是可以提供超越專業之上的各種課程的學校，高僧大德就是以身説法的教師。佛教應該努力爲正在學校中的和已經走出學校的世人準備另一個終身就讀的大學校，編撰一套讓世人終身受益的大教材。

這是一種超越任何專業的宏通圓融的教育。

三　超事相的撫慰功能

幸福衹有一種幸福，不幸却有各種各樣的不幸。任何時代都有失意、痛苦、悲傷乃至絶望的人。現代社會遺傳了以前所有的一切不如意，還滋生了無窮無盡的新苦難。

現代社會是進步了，身體有病可以去醫院，受到冤屈可以去法院，遭到偷盜可以找警察……可是，爲什麽還有那麽多人來到寺廟，真誠地進香祝禱，虔敬地叩拜禮佛？

一個原因是現代社會太複雜了，明確的無奈依舊不少，莫名的煩惱與日俱增。現代人有太多的苦惱，不知道向哪個部門傾訴；現代人有太多的痛苦，不知道向哪個醫院求醫。於是，現代人來到了古老的寺廟。

現代人爲什麽離開現代的電腦、電話、電視，來到祖先常去的地方？因爲這裏才能得到撫慰。這裏接待過不知電燈爲何物的古人，今天仍然接待著他們已經邁入網絡時代的後人。這裏的撫慰功能是永恒有效的，因爲這種功能不受具體時代、具體人物、具體事件的拘約。

佛教以一應萬，彙萬成一，它著力發掘不同事相背後的事理，無往不破，從而給世人提供一個解脱一切苦惱的大法門。

這是一種超越任何事相的慈悲博大的撫慰。

四　超界别的攝護功能

佛教的攝護功能是一直受到世人感念的。觀世音的救苦救難，就是最好的例證。這種攝護功能，在現代社會裏不僅依然具有，而且會發揮出更大的社會功用。現代世界充滿誘惑。現代人生活多姿多彩，營養全面富足，娱樂紛繁刺激。佛教能够告訴現代人的當然絶不止於素食有益於身體健康，更重要的還能够提醒他們注意精神的康泰，懂得清心寡欲的可貴，澄心静慮的可喜。讓現代人稍稍將自己從繁雜的事務中抽身而退，回觀自我内心。佛教還可以教會世人對心理健康大有裨益的傾訴與傾聽的法門，慈悲憐憫的胸懷。

這是就人而言，在天人矛盾日見尖鋭，自然環境日益惡化的今天，甚至已經有博學鴻儒發出了二十一世紀的最大道德乃是保護環境的『獅子吼』。這正是最需要佛教發揮其對自然的攝護功能的時候。

古語有云：『天下名山僧占半』，現在看來，這句話只不過説出了一半道理，因爲它首先抹煞了佛教開山的功德。難道不是因爲有了佛教的經營，那些原本默默無聞的叢榛叢莽才有了『名山』的美稱？回顧一部中國佛教史，對佛教的開山護山功德豈能熟視無睹？即使在都市里，在現代化的大都市里，佛教寺廟也是最爲清淨幽致的地方。佛教的慈悲與不殺，并不僅僅針對動物而言。佛教早就倡導對一草一木的生命的敬重，悲切甚至及於種子。這都是彰彰載於佛典的。面對越演越烈的現代環境惡化，佛教正應該登高而呼，引領信衆保護環境，善待自然，讓世間所居都像佛寺一樣山明水秀、清淨幽雅。

這是一種超越任何界别的天人合一的攝護。

佛教的社會功能需要進一步的開放闡釋，也需要加强與現代社會的關聯，著重應對隨時出現演變的現實問題。這也是弘揚佛法的至關重要的一個方面。

近現代佛教復興運動淺談

佛教是世界性宗教之一，與其他宗教相比，佛教的排他性較小，可容性和可塑性之大，甚至使有些人懷疑佛教究竟還算不算宗教。我們知道，佛教在其發源地印度的絶大部分地區，由於受到根深蒂固的印度教和洶涌而入的伊斯蘭教的雙重衝擊，早在八百年前就幾乎銷聲匿迹了。但是，印度之外諸國或地區的佛教儘管很早就失去了原初根源，却在各自本國文化的土壤上枝繁葉茂，開花結果，展現出帶有本土文化色彩的勃勃生機。這種情况的出現，固然有許多歷史的機緣，但佛教不預設超越衆生的造物主、不舍世間的理念可能是最主要的原因。我們可以舉出無數的例子，説明佛教的圓融無礙。比如，雪山之國尼泊爾的佛教被公認爲是保留印度色彩最濃的，可是，我們在尼瓦利語（Newari）裏居然已經找不到表示『僧人』的字了，取而代之的，是密宗化的或者説本土化的『金剛法師』（vajracarya）；同樣發人深省的還有，約東漢年間傳到中國的佛教，到了中唐以後，中國化程度最高、『教外别傳』的禪宗却一枝獨秀。曾幾何時，被視作『夷狄之教』的佛教以追懷始祖的生命體驗，揚棄了印度佛教的固有形式，以内省、自主、自信的宗教踐履的體證方式，深深融入了中國的哲學、藝術、文學。

中國佛教中經隋唐數百年的興盛，到五代始法運衰息，此後天臺、華嚴等宗大倡法風，又多合行兼弘禪淨。宋明大儒擅長出入儒佛二門，相互汲引。到了晚明清初，更以禪淨雙修爲歸，包容一切法門。佛門内，不再嚴辨宗派界限；佛門外，則與儒學同氣相求。伴隨著這個過程，佛教的入世取向也日漸明顯。一方面浸入民間，參與世俗生活，給人無窮希望的彌勒和觀音成爲領受香烟與頂禮的要角；一方面，以『忠義心』詮釋『菩薩心』，護國行法，聲援民族之戰。近現代中國佛教復興的萌芽就在這種無聲的變遷過程中滋長起來了。

如果我們將視野擴大開去，那麽，我們就會注意到，佛教在近現代的復興絶不僅僅發生在中國，而是在東亞、東南亞、南亞都普遍掀起了這場聲勢浩大的運動。

一八七三年，在斯里蘭卡的科隆坡附近，舉行了一次耗時三天的公開辯論，一位僧伽羅高僧最終戰勝了衛理公會牧師。這場辯論帶有濃厚的東西文化對壘爭勝的氣息，其結果被廣泛報道，在當時引起了軒然大波。一八七三年也就因此被視爲近現代世界性佛教復興的標志年份。『世界性』并非言過其實：不久以後，新大陸和歐洲也都出現了僧伽，佛學也越來越受到世人的關注。

同樣也是在十九世紀後半葉，中國佛教（準確地説，應是漢地佛教）也漸漸復蘇，在踐履上歸

心淨土，在佛理上精研法相唯識，士大夫之間的佛學熱成爲中國近代佛教復興的主要特徵。雖然我們至今尚未找到證據，表明中國佛教復興與科隆坡的那場著名辯論之間有著某種聯繫，但是，無可否認，中國近代佛教復興儘管具有自己的獨特内容、形式與軌迹，却至少有一點值得我們注意：佛教復興運動幾乎都是在已經淪爲殖民地、或即將淪爲殖民地、備受西方威脅的國家和地區發生的。

這也許是各國佛教復興運動爲數不多的共同點中最爲主要的一點，就是這一點從根本上決定了近代佛教復興運動必然是帶有抗拒西方文化影響色彩的社會運動，佛教教理自身的發展倒是只能位居其次了。

中國近代的佛教復興運動是在『數千年未有之變局』的背景下發生的。西方列强的堅船利炮打開了天朝的大門，綿延數千年的中華古國在西方宗教、政治、軍事、經濟、文化的衝擊下摇摇欲墜。社會歷經喪亂，厭世思想不期而自生。欲求安身立命之所，遁逃入佛者有之；栖心内典，真切學佛而欲求民族解脱大道，赴以積極精神者有之；先期厭離世間，一心出世，轉念救拔衆生，出世又不舍世間者有之。相對於在經世思想、公羊學鼓噪下的社會改造運動，佛教復興起先只是

一條『伏流』。然而，正是這條伏流，在上世紀的二十年代至四十年代成爲社會思想的重要組成部分，歆動了無數的新學人士。在『振興佛教』的和聲下，僧人、居士與新學人士都希冀再度發揮佛教整合社會思想文化的價值功能。

我們看到，希圖佛教復興的首要步驟，就是把當時已經衰微的佛教重新拔擢到一個超越西學的至高位置，這是僧、俗兩衆的共識。歐陽竟無的《佛法非宗教非哲學》可謂代表，於是居高臨下評説世間萬法似乎就有了可能和理據。還有不少人反復論證，佛法正是濟世靈丹，王恩洋《佛法爲今時所必須》、梁啓超《佛學時代》都在呼唤新佛教徒的出現。其次，爲了一致對外，力爭與儒學結盟，暫時不顧超越層面的矛盾，用合并等同的方法爲原本是外來的佛教爭得中國文化的主流位置，弘揚淨土、推行念佛法門的印光法師就著有《儒釋一貫序》；再次，不斷對道德、人生、衛生乃至人死之際應做之事加以指導，不惜在科學至上的年代擔冒被譏笑爲迷信的巨大風險，如圓瑛《挽救人心之唯一方法》、周叔迦《從佛教徒的人格説起》等。爲了使佛教在現實社會中發揮更大的作用，造育人才，改革僧教育，中國佛教復興的先驅楊文會創辦學堂，以出世法與世間法并無二致的理念，分教内教外兩班，宣揚佛法，若僧侣太虛、智光，若居士歐陽竟無、梅光曦，若學者譚嗣

同等等，都領受其教，成爲中國佛教復興的中堅力量。太虛更以創辦『中華佛教總會』的組織方式，倡導教理革命、教制革命、教産革命。曾追奉社會主義、無政府主義和革命思想的太虛法師主張佛教必須有適應新時代的新形態。這『新形態』就是『學佛先從做人起』，就是關注宇宙人生的『人生佛教』。

近代佛教復興運動是一個極具意味的社會現象，它對現代性問題的獨特應對，它援引西方文獻學方法整理梵、藏、漢文佛經的學術研究，它以佛教爲源泉的哲學原創性活動，等等，等等，都應該引起我們的深切關注。

陳寅恪與季羨林

——一項學術史的比較研究

一

陳寅恪先生與季羨林先生都是中國現代學術史上的重要人物，也是學術史研究者近期來非常關注的對象，學者們發表了大量與他們有關的研究論著，爲他們撰寫了多部傳記〔一〕。可以説對他們的研究已經頗爲深入，并且取得了相當可觀的成果。但是，迄今爲止，我們尚未看到有文章從分析他們各自的個人學術史入手，特别是將這兩位具有足够代表性的重要學者加以有限制的比較，從而描述某一學科（比如本文所擬討論的作爲印歐比較語言學及歷史語言學的一個强大分支的佛教語文學（Buddhist Philology/buddhistische Philologie/philologie bouddhique）〔二〕在中國現代學術史上的演變軌迹。

鑒於陳寅恪先生與季羨林先生之間存在著斑斑可考的學術淵源，他們的學術領域至少在一個相當長的時期内具有明顯的相似性。也就是説他們都接受了當時風行歐陸的佛教語文學的訓練，都以此作爲各自學術史的起步領域，前者對後者又産生過非常明顯的影響。然而，由於種種

原因(接受這一學科的師傳淵源不同,個人興趣的轉移,歷史造成的對研究環境和條件的限制,等等),佛教語文學這個獨特的學科在陳寅恪先生和季羡林先生的個人學術史上却呈現出完全不同的軌迹,這門學科在他們各自的學術史上所處的地位和所發生的作用也有很大的差異。由於這兩位學者在中國現代學術史上所處的前後銜接的沖要位置,而佛教語文學這門當時可以充當『預流』[三]與否的標志的學科又極爲專門并因此而冷僻,并且又是兩位學者致力頗深的根基學科,所以,就陳寅恪先生和季羡林先生這兩位學者的佛教語文學進行比較,也就不僅足以揭明陳寅恪先生和季羡林先生的個人學術史的異同,而且還可以表明佛教語文學在中國現代學術史上的地位的變遷。

以上的簡單概説應該可以説明,陳寅恪先生與季羡林先生的個人學術史具有顯而易見的『可比性』(comparability)。本文所擬展開的這項學術史的比較不至於陷入『古今中外,人天龍鬼,無一不可取以相與比較。荷馬可比屈原,孔子可比歌德,穿鑿附會,怪誕百出,莫可追詰,更無所謂研究之可言矣』[四]的泥潭。

二

研究佛教語文學必須從研習梵文入手,舍此别無他途。陳寅恪先生接觸梵文的時間很早,一九〇二年至一九〇七年,陳寅恪先生先後隨衡恪、隆恪留日[五]。他的初步接觸梵文似乎就在留日期間。一九四七年,陳寅恪先生因無錢購煤取暖,將所藏東方語言書籍轉歸北京大學東方語文系,而經手人正是剛從德國回來就任東方語文系主任的季羡林先生。這批非常珍貴的書籍中,就有荻原雲來的《實習梵語學:文法·悉曇書法·文抄·字書》[六]。在漫長的遊學期間,陳寅恪先生對佛教語文學極爲關注,投入了大量的精力,也打下了相當厚實的根基。從劫後餘存的筆記本裏,可以清楚地看到陳寅恪先生的佛教語文學造詣。季羡林先生在整理了這些筆記本後指出:『在中世印度諸俗語方言中,西北方言占有重要的地位。因此,國外有不少傑出的梵文學者從事這方面的研究,寫出了不少的專著和論文。但是在二十年代的中國,却從來没有聽説有什麽學者注意到了這個問題。有之當以陳先生爲第一人。他在筆記本九、佉盧文第一本裏面詳細地抄録了佉盧字母《法句經》的經文,札記了不少的中世西北方言的音變特點。他也注意到ahu=aham 這樣的音變現象。他雖然以後没有在這方面寫什麽文章,工夫是下過了,而且下得很

深。類似的例子還有一些……』〔七〕

熟悉國際東方學學術史的人都知道，季羡林先生上面提到的『西北方言』、『西北方言的音變特點』等等，正是當時佛教語文學最尖端最前沿的課題，陳寅恪先生既然明顯地已經意識到了，并且還下了很深的工夫，那麽，以善於發現并解決學術前沿問題、强調『預流』著稱的陳寅恪先生爲什麽會『以後没有在這方面寫什麽文章』，居然會在觸手可及的學術皇冠上的明珠前止步不前了呢？要知道，這一止步，使得中國學者在當時的顯學東方學的一個最前沿陣地上安營扎寨的時間晚了將近二十年。

這是一個值得學術史研究者深思的問題，當然更是一個不容易回答的問題。本文試圖從以下幾個角度給出一個未必理想的解答。

首先，也可以説是最主要的原因，與陳寅恪先生同輩的中國人文學者，無論他們在留學期間學習了什麽樣的理論、掌握了什麽樣的方法，甚至也無論他們在留學期間選擇了什麽樣的專業領域，他們所關懷的、所不能或忘的往往還是中國學術史中的傳統問題。這些問題是『體』，在國外學習的東西是『用』，是解決傳統之『體』的現代之『用』。换句話説，他們是帶著傳統之『體』的問題的，至少是學術意義上的主題先行者。這種情况雖然也有例外，然而却是相當普遍的現象。强調這一輩學者與傳統的親和，固然正確，但顯然是不够的。目前對此現象似乎還没有圓滿的解釋。

具體就陳寅恪先生而言，刊載在《學衡》第二十期（一九二三年八月）上的《與妹書》是陳寅恪先生公開發表的第一篇論學文字，儘管主要談的是藏文，但仍然非常明顯地表明了這一點：『西藏文藏經，多龍樹馬鳴著作而中國未譯者。即已譯者，亦可對勘異同。我今學藏文甚有興趣，因藏文與中文，系同一系文字。如梵文之與希臘拉丁及英德俄法等之同屬一系。以此之故，音韵訓詁上，大有發明。因藏文數千年已用梵音字母拼寫，其變遷源流，較中文爲明顯。如以西洋語言科學之法，爲中藏文比較之學，則成效當較乾嘉諸老，更上一層。』〔八〕可見，陳寅恪先生不僅究心『音韵訓詁』這樣的傳統領域，而且在其心目裏所要超越的對象依然還包括『乾嘉諸老』。

其次，學者的個人興趣對其學術史的走向，常常會起到至關重要的作用。緊接著上段話，陳寅恪先生講道：『然此非我所注意也。我所注意者有二：一歷史……一佛教……』這裏的『此非我所注意也』，指的是具體的領域。實際上并没有改變以佛教語文學爲『用』的取向。余英時

先生的《試述陳寅恪的史學三變》是迄今爲止研究陳寅恪先生個人學術史的最佳論著〔九〕。余先生敏鋭地感覺到：『陳寅恪的治學範圍雖廣，但他的興趣好像自始即偏向史學。無論如何，據文獻記載，在三十歲前後他已決定選擇史學爲他的專業了。』〔一〇〕陳寅恪先生的個人學術史的確發生了余英時先生所説的『三變』。但是，無論造就這『三變』的有多少原因，其中一個并非不重要的原因却一定正是余英時先生指出的：『陳寅恪研究「塞外之史、殊族之文」最初或出於愛國動機，或爲顯學所掀動，或兩俱有之，今已無從確知。但無論如何，在深入這一學術領域的堂奥之後，他自然比誰都清楚，以「塞外之史、殊族之文」而言，歐洲的東方學是居於絶對領先的地位。他本人的基礎功力在中國雖然首屈一指，但若與第一流的歐洲東方學家相比較，也并不特别超出。所以他承認在中西文化交通、佛教傳播及中亞史地等領域内，深受伯希和等人的影響。而且東方學在歐洲早已形成有規模的傳統，後起者除了在某些「點」上尋求新的突破外，很難取得典範式的新成就。』〔一一〕這是非常通達的論斷。陳寅恪先生的『三變』當然還有其他的原因〔一二〕。儘管陳寅恪先生的『三變』的確愈變愈輝煌，這是任何人都無法否認的事實，然而，同樣應該承認的是，陳寅恪先生與當時的顯學佛教語文學之間的距離也確實愈變愈遠了。最終，這門顯學在陳寅恪先生的個人學術史裏連『用』的地位都蕩然無存了。

再次，還應該考慮陳寅恪先生和歐洲東方學的不同國别的學術傳統之間的關係。雖然陳寅恪先生留德的時間最長最爲聯貫，而且在美國哈佛大學學習了兩年的梵文、巴利文之後赴德，這個選擇就更見意味了。不過，德國學者的論著雖然也屢被陳寅恪先生引用，表面上看，陳寅恪先生受德國傳統的影響應該是最深的。但是，無論是學術風格，還是學術問題的選擇，陳寅恪先生身上的法國東方學色彩遠比德國東方學色彩濃厚。仔細回顧陳寅恪先生的學術史，不難看到，重返德國時，陳寅恪先生已經三十二歲，學術興趣應該是已經明確了。到德國去師從一代語文學大師H.Lüders，主要的考慮恐怕還是增强佛教語文學的『用』。實際上，陳寅恪先生也没有踏入德國東方學特别是佛教語文學的潮流。相比之下，陳寅恪先生從不諱言法國東方學，尤其是其代表伯希和的影響。這一點，余英時先生也已經提及了。放到這麽一個背景下，則《王觀堂先生挽詞》的名句『伯沙博士同揚榷，海日尚書互唱酬。東國儒英誰地主，藤田狩野内藤虎』，用伯（希和）、沙（畹），就不僅是出於平仄的考慮了。以藤田豐八、狩野直喜、内藤虎次郎爲代表的日本學界固無論矣，以『伯沙博士』爲領軍人物的法國東方學若和德國東方學相比較，與漢學的親和性無疑

要强出許多〔一三〕。換個角度，那麼法國東方學在佛教語文學領域的地位則是遜於德國不止一籌的。德國的佛教語文學家對英國同行中的特出者還有些敬意，至於對法國的同行，一般就未必佩服了〔一四〕。

最後，但絶不是最小的，導致佛教語文學在陳寅恪先生的個人學術史上逐漸淡出的因素，是陳寅恪先生不幸生活在中國學術文化史上最艱難的時代，與國際學術界的隔絶，加上貧病交加體衰目喪，都不能不使其個人學術史發生意料不及的提前或滯後的變動。

無論如何，余英時先生的一句話實在堪稱『知言』：『藏文如此，推之其他古代與中亞文字，對他而言也無一不是治史的工具。』〔一五〕也就是説，佛教語文學在陳寅恪先生的學術史上只具有『用』的功能，而并不具備『體』的價值。

對於陳寅恪先生來説，其學術史第一期中，小試佛教語文學牛刀所取得的成功，哪怕是『點』的，也已然足够了。不過，陳寅恪先生似乎偶爾也并不滿足於『點』的突破。最好的例子無疑是一代名文《四聲三問》〔一六〕，正是試圖引入印度語文學和佛教語文學以解決一個帶有『典範』性質的中國歷史的問題。不幸的是，在陳寅恪先生的衆多論著中，也正是這篇文章遭到了最强有力的質疑〔一七〕。這是陳寅恪先生個人學術史的遺憾，還是中國現代學術史的一個遺憾？恐怕是無人能够給出答案的。

三

季羡林先生接觸佛教語文學是受了陳寅恪先生的影響，具體説是在清華大學旁聽了陳寅恪先生的『佛經翻譯文學』，而這正是陳寅恪先生將佛教語文學之『用』發揮到極致的一門課〔一八〕。然而，季羡林先生決定研習佛教語文學却有相當的偶然性。一九三五年，季羡林先生抵達在其個人學術史上具有最重要地位的哥廷根大學。起先打算學習德國語文學，甚至還曾經想以歐洲古典語文學爲主系。但是，不管季羡林先生如何打算，他所選擇的却都是『語文學』，這就與陳寅恪先生的以治史爲主的學術興趣不同。

季羡林先生最終選擇了梵文作爲主系，兩個副系分別是斯拉夫語文學和英國語文學。這種選擇和季羡林先生的一個與時俗迥異的信念有關，即絶不以和中國有關的課題作博士論文的題目。這就從根本上決定了季羡林先生個人學術史的基本取向。一言以蔽之，以語文學，具體而言即佛教語文學爲研究之『體』，倘若要説其『用』，那也没有用在漢學研究上的既定計劃。由此，

季羡林先生在學術生涯的起始階段，就將自己的營盤扎在了歐洲東方學的最前沿佛教語文學上。更明確地説，就是當時方興未艾的佛教混合梵語和破譯不久的吐火羅語研究。大而言之，季羡林先生所接受的幾乎完全是在當時德國占主流地位的語文學訓練，留德十年，季羡林先生只到過一次柏林，其餘時間全部在哥廷根攻讀研究，從未離開過德國。這一表面上似乎無關緊要的現象，多少也説明一些問題。季羡林先生當然也參考其他國家學者的論著，但是這些論著總的來説其數量既少，水準也與德國有差距。因此，季羡林先生受到的德國以外的影響相對較小。小而言之，從H.Lüders（陳寅恪先生曾遊學於門下）到E.Waldschmidt（陳寅恪先生的同學，季羡林先生的博士導師）的一系正是德國佛教語文學的正脉所在。〔一九〕

留德十年的四篇論文充分反映了這個特點。其中三篇是關於佛教混合梵語的。

『Die Konjugationen des finiten Verbums in den Gāthās des Mahāvastu』（《〈大事〉中迦陀部分限定動詞的變格》）是一九四一年完成的博士論文，證明了《大事》的語言是一種混合方言，從中并不能看出從梵文發展到巴利文的中間階段。其語言是一種逐漸梵文化的俗語，與巴利文有近緣關係，等等。這些都是佛教語文學的前沿問題。該文的附録『關於語尾 -matha』則在印歐語系比較語言學領域引起了轟動，其『用』却仍在語文學範圍之内。一九四四年發表的『Die Umwandlung der Endung -am in -o und -u im Mittelindischen』（《中古印度語言中語尾 -am 變爲 -o、-u 的現象》），可以據此確定印度古代俗語的流行地域。一九四九年發表的『Die Verwandung des Aorists als Kriterium für Alte und Ursprung buddhistischer Texte』（《應用不定過去時的使用以斷定佛典的産生時間和地區》），問題的提出和解決都是以佛教語文學的方式，其『用』固然未始不可以延伸到漢學領域，但顯然不是季羡林先生寫作時事先預定的題中之義。

可以説明佛教語文學在季羡林先生的個人學術史中占有『體』的地位的最好例子，是一九四三年發表的『Parallelversionen zur tocharischen Rezension des Punyavanta-Jātaka』（《吐火羅文的〈佛説福力太子因緣經〉諸異本》）根據漢譯本來釋讀吐火羅文本裏的未詳語詞，在此，漢學竟爲佛教語文學所『用』了。〔二〇〕

這種以佛教語文學爲研究之『體』的學術取向，在季羡林先生一九四七年回國後不得不改變了。原因主要有兩個，一是中外隔絶造成的資料嚴重缺乏，二是陳寅恪先生及其所代表的國内學術主流的就近影響。至於季羡林先生的興趣則并没有出現如陳寅恪先生一樣的改變。

在季羨林先生的個人學術史上，佛教語文學暫時失去了『體』的位置，而煥發出『用』的神效。一九四七年的《浮屠與佛》〔二一〕、一九四八年的《論梵文ṭ、ḍ的音譯》〔二二〕，以及一九五五年的《吐火羅語的發現與考釋及其在中印文化交流中的作用》〔二三〕，這三篇在當時中國文史學界備受贊譽的論文堪稱轉變期的代表作。無論是引用書籍卷數、頁碼的標注和行文的語氣風格，還是自己的論述和原始史料的排比、切入角度的選擇、思想的展開，都顯示出陳寅恪先生的影子。更爲重要的是，儘管起因不盡相同，但是，在研究精神上也確實體現出了與陳寅恪先生早期論著的高度相似性，即以佛教語文學之『用』，來攻錯中國傳統文史之學之『體』。就季羨林先生個人的學術史而言，雖然有悖於初衷，却倒也別開生面。然而若就佛教語文學在中國學術史上的發展的角度來看，就不能不説是略帶遺憾的了。

二十世紀五十年代中期以降，至七十年代末期，長達二十餘年的時間，由於衆所周知的原因，季羨林先生完全喪失了從事學術研究的條件，遑論佛教語文學的研究。

進入二十世紀八十年代以後，隨著大環境的好轉，與國際學術界交流的日益頻繁，季羨林先生不知老之將至，只爭朝夕，迅速恢復了佛教語文學研究，撰寫發表了大量具有佛教語文學界一流水平的論著。一九八五年出版的《原始佛教的語言問題》〔二四〕，對國際上數十年來出現的各種説法加以清理，根據新的材料，堅持自己四十年前的論斷。在佛教語文學領域內，自一九八〇年後，季羨林先生每年都有重要論文發表，不斷引入新材料，提出新問題，展開新思路，極其有力地推動了佛教語文學在中國的發展。季羨林先生以古稀之年，慨然承擔了新疆出土的迄今爲止發現的篇幅最大的吐火羅文作品《彌勒會見記劇本》的釋讀研究工作，取得了大量的歆動佛教語文學和印歐語言學界視聽的重大成果，并以 Fragment of the Tocharian A Maitreyasamiti-Nāṭaka of the Xinjiang Museum,China 的出版劃上了一個圓滿的句號〔二五〕。

顯然，詳盡地評述季羨林先生在佛教語文學領域的貢獻并不是本文的任務〔二六〕。本文所想説明的是，在季羨林先生晚年的學術史上，佛教語文學研究不僅恢復了『體』的地位與價值，其『用』也得到了更大的發揮和施展空間。以季羨林先生晚年的成就爲代表，佛教語文學在中國現代學術史上終於修成了『體用圓融』的正果。

中國學術界尊季羨林先生爲中國東方學的奠基人，其學術理據也正是在此。

如果説，陳寅恪先生的個人學術史因爲有了『史學三變』而燦爛奪目，那麽，季羨林先生的個人學術史也正因爲有了『體』—『用』—『體用圓融』的『佛教語文學三轉』而彪炳輝煌。中國現代學術史必定會因此而驕傲。

〔一〕單篇論文不計，就大陸出版的主要專著而言，有關陳寅恪先生的傳記至少有：蔣天樞《陳寅恪先生編年事輯》（上海古籍出版社，一九八一年；增訂本，同出版社，一九九七年），汪榮祖《陳寅恪評傳》（百花洲文藝出版社，一九九二年），陸鍵東《陳寅恪的最後二十年》（三聯書店，一九九五年），吴定宇《學人魂：陳寅恪傳》（上海文藝出版社，一九九六年），劉以煥《國學大師陳寅恪》（重慶出版社，一九九六年），胡迎建《獨上高樓：陳寅恪》（山東畫報出版社，一九九八年），劉以煥《一代宗師陳寅恪：兼及陳氏一門》（重慶出版社，二○○一年；并非上揭作者書的重版）。回憶資料集至少有：錢文忠編《陳寅恪印象》（學林出版社，一九九七年），張傑、楊燕麗選編《追憶陳寅恪》（社會科學文獻出版社，一九九九年）。紀念文集至少有：《紀念陳寅恪教授國際學術討論會文集》（中山大學出版社，一九八九年），《紀念陳寅恪先生誕辰百年學術論文集》（北京大學出版社，一九八九年），《紀念陳寅恪先生百年誕辰學術論文集》（江西教育出版社，一九九四年）《〈柳如是別傳〉與國學研究：紀念陳寅恪先生學術討論會論文集》（浙江人民出版社，一九九六年），《解析陳寅恪：紀念陳寅恪先生逝世三十周年》（社會科學文獻出版社，一九九九年），《陳寅恪與二十世紀中國學術：紀念陳寅恪先生誕辰一百一十周年》（浙江人民出版社，二○○○年）。直接相關的研究專著至少有：馮衣北《陳寅恪晚年詩文及其他》（花城出版社，一九八六年；此書必須和余英時《陳寅恪晚年詩文釋證（增訂新版）》，東大圖書公司，一九九八年，對看），吴學昭《吴宓與陳寅恪》（清華大學出版社，一九九二年），王子舟《陳寅恪讀書生涯》（長江文藝出版社，一九九七年），李玉梅《陳寅恪之史學》（香港三聯書店，一九九七年），王永興《陳寅恪先生史學述略稿》（北京大學出版社，一九九八年），劉克敵《陳寅恪與中國文化》（上海人民出版社，一九九九年），張求會《陳寅恪的家族史》（廣東教育出版社，二○○○年），葉紹榮《陳寅恪家世》（花城出版社，二○○一年）。至於季羨林先生，傳記與研究專著至少有：蔡德貴《季羨林傳》（山西古籍出版社，一九九八年；修訂版，人民出版社，二○○○年），於青《東方宏儒季羨林傳》（花城出版社，一九九八年），馬景瑞《我所知道的季羨林先生》（山東省聊城市新聞出版局，二○○一年）。祝壽文集有：《季羨林教授八十華誕紀念論文集》（江西人民出版社，一九九一年），《人格的魅力：名人學者談季羨林》（延邊大學出版社，一九九六年），《季羨林與二十世紀中國學術》（北京大學出版社，二○○一年）。和陳寅恪先生不同的是，季羨林先生發表了不少帶有自傳性質的文字，與本文關係較大的有：《留德十年》（東方出版社，一九九二年），《世紀老人的話：季羨林卷》（遼寧教育出版社，一九九九年），《學海泛槎》（山西人民出版社，二○○○年）。

〔二〕這門學科的建制化的標志是一九二六年荷蘭萊頓（Leiden）大學爲著名學者 Jean Przyluski 設立了專門講座『philologie bouddhique』。有關佛教語文學的研究史以及有關情況，可參看：J. W. de Jong, *A Brief History of Buddhist Studies in Europe and America*, Sri

Satguru Publications, Delhi,1987. Heize Bechert und Georg von Simson, *Einführung in die Indologie*. Wissenschaftliche Buchgesellschaft, Darmstadt,1979. Ulrich Schneider, Einführung in den Buddhismus. Wissenschaftliche Buchgesellschaft, Darmstadt,1980. Klause Röhrborn und Wolfgang Veenker, *Sprachen des Buddhismus in Zentralasien*. Otto Harrassowitz, Wiesbaden, 1983. Hajime Nakamura, *Indian Buddhism, A Survey with Bibliographical Notes*. Motilal Banarsidass,1987. Etienne Lamotte, *Histoire du Bouddhisme Indien*. Louvain, 1958. 以上諸書有關章節：《季羡林文集》（江西人民出版社，一九九六年）第三卷《印度古代語言》、第四卷《中印文化關係》、第二卷《吐火羅文研究》。

〔三〕陳寅恪：《陳垣敦煌劫餘録序》，《金明館叢稿二編》第二三六頁，上海古籍出版社，一九八〇年。

〔四〕陳寅恪先生《與劉叔雅論國文試題書》中語，見《金明館叢稿二編》，上海古籍出版社，一九八〇年，第二二四頁。關於陳寅恪先生的比較觀，請參看錢文忠《略論陳寅恪先生之比較觀及其在文學研究中之運用》，載王永興先生編《紀念陳寅恪先生百年誕辰學術論文集》第四七五—五〇五頁。

〔五〕蔣天樞：《陳寅恪先生編年事輯（增訂本）》，上海古籍出版社，一九九七年。

〔六〕此書出版於大正五年（一九一七年），在陳寅恪先生留學日本之後頗久，固然未必足以充當陳寅恪先生在日期間即已接觸梵文的直接證據。但蔣天樞先生將陳寅恪先生研習梵文系於一九一九年，此前陳寅恪先生固已遊學德、法。蔣説似也未必盡然。當時用英、德、法語出版的梵文研究書籍層出不窮，皆超邁荻原所著。陳寅恪先生何以購藏此書，是否透露了某種消息？有關此書情況，請參看錢文忠《記陳寅恪先生的幾條未刊批注》，載王元化先生主編《學術集林》卷八（上海遠東出版社，一九九六年）第九一—九四頁。但是，此書的批注究竟是否可以定爲陳寅恪先生手筆，現在看來大有可疑。中國此前已有人編寫梵文文法，比如蘇曼殊就有《初步梵文典》，似已佚，是否最終完成，也尚有疑問。現存章太炎《〈初步梵文典〉序》，見《章太炎全集》四《太炎文録初編》（上海人民出版社，一九八五年）第四八八—四八九頁。二十世紀初，研習梵文頗爲高僧居士所倡導，如楊文會，而陳三立與楊文會等來往頗密。是否對陳寅恪先生有所影響，待考。

〔七〕季羡林：《從學習筆記本看陳寅恪先生的治學範圍和途徑》，《紀念陳寅恪教授國際學術討論會文集》第七四頁至七八頁，中山大學出版社，一九八九年。

〔八〕陳寅恪：《與妹書》，《金明館叢稿二編》第三一一—三一二頁，上海古籍出版社，一九八〇年。

〔九〕此文在《文彙讀書周報》一九九七年十一月一日部分發表，在《中國文化》第一五—一六期（一九九七年十二月）全文發表時，均題作《陳寅恪的史學三變》，收入《陳寅恪晚年詩文釋證》（增訂新版）改現題，第三三一—三七七頁。

〔一〇〕余英時：《陳寅恪晚年詩文釋證》第三三二頁，東大圖書公司，一九九八年。

〔一一〕同上書，第三四二頁。

〔一二〕余英時先生指出，還有『王國維的關係』（上揭書，第三四三頁）、『二十年代末期流行於中國的兩股史學思潮』（上揭書，第

三四七頁）。

〔一三〕有關漢學在法國、德國東方學傳統裏的不同地位以及各自的特點，參看 *Europe Studies China, Papers from an International Conference on the History of European Sinology*, Han-Shan Tang Books, London, 1995. 關於法國東方學家，特別是伯希和在中國的影響，參看桑兵先生《伯希和與近代中國學術界》，載《歷史研究》一九九七年第五期，第一一五—一三八頁。有關伯希和與斯坦因由各自知識背景出發挑選敦煌寫卷的不同角度，以及對法國及其他國家漢學與東方學走向的影響，參看榮新江先生《敦煌學十八講》（北京大學出版社，二〇〇一年）

〔一四〕比如，吐火羅文大師，也是季羨林先生的老師 Sieg 教授就只尊敬英國的 H.W.Bailey 教授，而對大名鼎鼎的法國學者 Sylvain Levi 很不以爲然。參看季羨林先生《學海泛槎》，第四二頁。

〔一五〕同注〔一〇〕，第三三七頁。

〔一六〕陳寅恪：《金明館叢稿二編》，第三二八—三四一頁，上海古籍出版社，一九八〇年。

〔一七〕參看饒宗頤先生《印度波你尼仙之圍陀三聲論略：四聲外來説平議》，載《梵學集》（上海古籍出版社，一九九三年），第七九—九二頁，又《文心雕龍聲律篇與鳩摩羅什通韵：論四聲説與悉曇之關係兼談王斌、劉善經、沈約有關諸問題》，上揭書，第九三—一二〇頁。

〔一八〕有關季羨林先生的治學經歷，主要依據《留德十年》和最新出版的《學海泛槎》，不再一一注出。

〔一九〕季羨林先生在闊別德國三十餘年後，於一九八〇年故地重遊，與當年的博士導師 Waldschmidt 教授重逢。季羨林先生以漢譯《羅摩衍那》爲贈，Waldschmidt 教授頗不以爲然，對季羨林先生説：『我們是搞佛教語文的，你怎麽翻譯這個？』可見佛教語文學在這位德國著名學者心目中的無可替代的『體』的地位。當然，季羨林先生是無法向他解釋造就了這部煌煌漢譯的歷史原因的。

〔二〇〕這四篇長文現皆收入《季羨林文集》第三卷《印度古代語言》。

〔二一〕季羨林：《季羨林文集》（第七卷），第一—二七頁，江西教育出版社，一九九八年。

〔二二〕季羨林：《季羨林文集》（第四卷），第一二—五三頁，江西教育出版社，一九九八年。

〔二三〕同上書，第一三八—一五四頁。

〔二四〕中國社會科學出版社，現已全部收入《季羨林文集》第三卷《印度古代語言》。

〔二五〕列入著名的 Trends in Linguistics 叢書的 Studies and Monographs 113，一九九八年由 Mouton de Gruyter 出版。全書英文，現收入《季羨林文集》第一一卷。

〔二六〕詳細的評述請參看錢文忠《季羨林與印度古代語言研究》、《季羨林與吐火羅文研究》。

俗文學·民間文藝·文化交流

——讀美國梅維恒教授的三部近著

『俗』、『民間』之類的字眼很容易使人想起『國粹』。事實却并不如此，越是『俗』、越是『民間』的東西，往往越有舶來品的嫌疑。比如説『拉洋片』、『西洋景』應當算是既『俗』又『民間』的了吧，却帶了一個『洋』字，露出了尾巴。在古代，與『洋』對應的詞兒是『胡』。今天我們講的『狐臭』，據當年清華國學研究院四大導師之一的陳寅恪先生考證，當作『胡臭』。『胡臭』者，洋人的氣味也。當然，不帶『洋』、『胡』之類的標簽的，也不見得是正宗國貨。從歷史上來看，我們今天用『俗』、『民間』之類詞兒來形容的諸如雜技、變戲法之類都是來自大秦等地的『洋玩藝兒』。所以，我們研究文化交流，絶不應該忽視『俗』與『民間』的東西。

不僅不應該忽視，我們恐怕還要把著重點放在它們上面。這樣做是有其深層文化原因的。最重要的文化載體當然首推語言。在中國文化傳統中歷來有兩套語言。一套是『妾婦牛童馬走』的語言，下里巴人，不登大雅之堂，因而也傳不下來；另一套是『王公文人學士』的語言，陽春白雪，傳世不絶。而且後一套幾乎壟斷了所有的傳世文獻。不過，從後一套中我們很難看到某一特定時段的活生生的東西。我們如果想知道某一朝代的人到底怎樣講話，傳世的東西也并不見得有多麽的寶貴了。比如隋唐以前的口語，最好到佛典中去找。在當時，佛典也是『西方名著』，譯過來的漢文佛典當然也就是『漢譯西方名著』了。不過，爲了爭取信徒，那時的『漢譯西方名著』倒是用了大量的『妾婦牛童馬走』的語言。今天的『漢譯西方名著』恐怕主要是給『文人學士』看的，這是一個重要區别。

光從語言入手還不够。中國歷來講究『世家』，在某個方面有專長的人可稱『專家』。『家』著重的是某種技藝。『漢學家』是一種，傳世文獻大多是這一類的『家』的創作；使陳寅恪先生發現『狐臭』即『胡臭』的『竿木家』是另一種，這一種『家』的文化程度在古代都不會太高，大多不會寫文章，偶爾爲之，也只可算『俗文學』。『家』的延續性使得某種技藝多少能保留其原來面目。『竿木家』的技藝至今仍可看見，和漢像磚、壁畫上的幾乎絲毫不差，一仍其舊。這自然也是研究文化交流的標本，而且是非常珍貴的標本。

今天看來，『變家』（這是我杜撰的一個符號）恐怕是研究中外文化交流的最佳標本了。理由很簡單，但很充分。首先，『變家』介乎『漢學家』與『竿木家』之間，有自己的文獻，雖不甚高雅，

時有別字，但老天保佑，却和『漢學家』的文獻一同保留了下來，那就是敦煌變文。其次，『變家』有自己的技藝，要畫『變相』就得有畫才；要『講變文』就得有口才，而且這種技藝據梅維恒教授的研究，的確是世襲的。再次，『變家』本身就是中外文化交流的産物。『變文』與佛典大有關聯，『變相』與佛畫極有關係。更重要的是，『變家』的主要任務看來是充當向大衆宣講經典的通俗演説家（今天的『演説』主要是『説』，當年的『演説』却是重在『演』），『變文』是講稿，『變相』是幻燈録影。

三位一體，結合得如此巧妙，大概只此一家了。

然而，中國學者至今習慣於將『變家』拆成『變文』、『變相』或『講變文』來單獨研究。重點在『文』。研究者幾乎都是中文系出身，使用的方法大體上不出傳統訓詁箋釋的範圍，目的是以這種『文』爲材料，去解決漢語史（語法、辭彙）和文學史上的一些問題。這種研究當然十分必要。但是，如果我們停留在這一點上則顯然是不够的。我們必須而且應該借鑒外國學者的優秀成果，以求有所突破。

今年四十三歲的美國費城大學東方學教授梅維恒（Victor H.Mair）對一些讀者來講，也許并不陌生。他在一九八八年八月號《文史知識》（敦煌學專號）上發表過《我與敦煌變文研究》。梅教授在這篇短文中實際上已指出了中國變文研究的不足以及他自己的研究方法與旨趣：

> 我研究變文越多，便越認識到有關變文的許多爭論都是由於有些學者不願從中國以外去探尋必要的史源，并且錯誤地理解它們在宗教和社會中所處的地位。

有關這段話的詮釋，放在下面對梅教授著作的介紹中來談。

從一九七三年起，梅教授周遊列國，遍訪各大圖書館與博物館，收集原始材料。這一階段的工作主要反映在《世俗學者及其所創作的文學：敦煌寫卷目録》之中。這篇近一百頁的目録發表在『Chinoperl Papers』第十期（一九八一年）。Chinoperl 這個字在字典裏查不到，絶大多數英美人也不知其意。它是梅教授的同好們創造的一個新詞兒，表示『中國口述與表演文學』（Chinese Oral and Performing Literature），本身就是一個文化交流的例子。

以此爲起點和基礎，梅教授寫出了博士論文，對《伍子胥變文》、《降魔變文》、《目連變文》、《張

義潮變文》進行了譯注，獲得了哈佛大學博士學位。一九八三年經修訂後以《敦煌俗文學》爲題由劍橋大學出版社（CUP）出版，當時他已是助教授了。本書作爲梅教授的第一本專著，顯然是以歐美通行的原典校訂、翻譯、注釋的方法來對古代中國的『變文』進行基礎性的研究，重點自然是『文』。但是，從本書的『序』中可以清楚地看到，梅教授已表現出他的識見與眼光了。他不再像前人那樣僵硬地將自己局限於歷史時空之中。作爲另外一個文化背景下的研究者，他注意了中國學者視之爲『理所當然』而不加留心的地方，把『變』字放到了整個漢語史中來考察。通過將『變』譯成『transformation』，使『變文』的意義確定在『變相之文』上，從而建立起『文』與『相』的聯繫。他又拈出了『變戲法』、『變魔術』這樣的動賓結構的詞，進一步表示出，他認爲『變』可以是一種動作。這樣，梅教授在第一本書中已大體建立了『變文』——『變相』——『講變文』的總體框架。這清楚地表明了梅教授以『文』開始，但絶不會以『文』結束。

梅維恒教授把一九八八年春天稱爲『我致力於研究變文的高峰』。其實，毫不誇大地說，也是歐洲乃至世界研究變文的高峰。梅維恒教授的兩部幾乎同時發表的專著《唐代變文：佛教對通俗小説與戲劇在中國興起的影響之研究》以及《繪畫與表演：中國的看圖講唱及其印度來源》尤其令人矚目，無疑具有極重要的地位。這兩部書出版迄今已有近兩年了，在國外學術界産生了很大的反響。然而可能是由於語言的緣故，在中國學者中似絶少有人加以注意。

《唐代變文》一書由哈佛大學在一九八九年出版，稍晚於《繪畫與表演》。不過，在通讀兩書之後，我們會感覺到，在結構框架上，一九八八年由夏威夷大學出版的《繪畫與表演》顯然更恢宏一些，著眼也較前書高遠。所以，就梅維恒教授的研究進程而言，《唐代變文》的成稿應該稍早一些。這一點，梅教授已在《繪畫與表演》的『序』裏點明了。

《唐代變文》是一部專門性很强的綜合性著作。全書近三百頁，主體部分分爲六章。分別討論了『敦煌與寫本』（附『與四川的聯繫』）、『變文與有關類型的範圍』（附『論斷代』）、『術語「變文」的含義』、『變文的形式、格式與特徵』（附『論印度前提』）、『表演者、書寫者、抄手』、『變文表演存在的證據』。書後附有詳盡的注釋及豐富的書目文獻。第二七五—二七八頁是『未見論著』，體現了梅維恒教授嚴謹的治學態度。特別需要點出的是，各章後的附論雖然篇幅不大，但勝義紛陳，表明了作者將要進行的研究工作的要點，也就是《繪畫與表演》一書的要點。

本書在梅維恒教授的研究體系中，處在承上啓下的位置。歐美學者往往有題獻詞的習慣，中

國讀者一般都不太留意，這些獻詞往往都體現出作者的旨趣與方法。在《唐代變文》的扉頁上，梅維恒教授寫道：『À la mémoirede Paul Pelliot, sinologue hors pair』（『紀念無與倫比的漢學家保羅·伯希和』）。伯希和的名字對中國讀者來講并不陌生。他生前多次到中國探寶，驚人的語言天才使他在亞洲學及文化交流史研究的各個領域中都取得了輝煌的成就。馮承鈞先生譯介了他的許多名著，已故的著名蒙元史專家邵循正、韓儒林教授都是伯希和的傳人。這條題詞清楚地表明梅維恒教授服膺并追循法國的漢學傳統。這一傳統習慣於將漢學納入中印、中伊交流之中來考察，『漢學』也不再是『中國學』，而是有關以漢字爲主要文化載體的亞洲各國的學問；『印度』、『伊朗』的概念都與今天的政治性地域概念不同。梅維恒教授追循這一傳統而展開的研究，必定具有比我國傳統所包含的治學研究更爲廣大的參照系（frame of reference）。事實也正是如此。梅教授的研究以中國爲出發點，但絶不局限於中國。《唐代變文》提出了『變文表演』存在的證據，從而突破了『俗文學』的範疇，進入了『民間文藝』的領域。這一步是非常關鍵的。上面談到的兩本書，研究範圍并没有突破變文本身。『變文』所蘊含的文化及文化交流的意義尚未得以系統地研究與闡述。我想，梅維恒教授之所以這麼去做，大概是因爲他想將『變文』及其有關者與文化交流的研究作爲一個相對獨立的課題。

我們要重點加以評述的《繪畫與表演》代表了俗文學·民間文藝·文化交流序列中最重要的部分，該書出版後，得到了學界的一致好評。

作者在扉頁上引用了法國著名學者 Sylvain Lévi 的一段名言。由於馮承鈞先生的譯介，烈維的名字對中國讀者來説應該是不陌生的。值得注意的是，梅維恒教授從 C. L. Fabri 的名著《美索不達米亞和早期印度藝術》（Mesopotamia and Early Indian Art）中引用了這一段話。如果將這段題詞與本書的副標題『中國的看圖講唱及其印度起源』結合起來考慮，我們可以看到，梅維恒教授的目的在於將『變家』納入更廣闊的背景中，進行動態的考察。極少數的幾位中國學者的確也這麼試圖去做過，但無征不信，他們的意見并未受到重視。真正從中國以外找出『變家』的源頭及其在全世界的傳播綫索，并將此作爲文化交流的一個有趣現象來加以考慮的，梅維恒先生是當之無愧的第一人。本書的成功之處，大概也就是在這裏。

梅維恒先生首先將眼光放在佛教的發源地印度。印度早在孔雀王朝就有了關於『演員』（梵文 Śaubhika）的記載。由於印度本身缺乏信史的文化傳統，語言學一直是研究印度學（Indology）

的主要方法之一。梅維恒教授也是從此入手，討論了極爲重要的 śaubhika 一字，他的結論大致上與本世紀最偉大的梵學家 Heinrich Lüders 的相同。Śaubhika 是一種藝人，運用魔術與圖片在洞窟中進行表演，有時充當密探的角色。梅維恒教授注意到了《説岳全傳》裏的『苦人兒』王佐，他也是利用畫像來講述一個故事——運用了『變家』的手法，并繼承 Śaubhika 的傳統，也扮演了密探的角色。除 Śaubhika 一字外，梅維恒教授還討論了其他幾個有關的辭彙。經過梅教授的廣征博引，没有人會對在梵文文獻中見到 Śamsāra-cakra-pata（正可譯成『輪轉變一鋪』）這樣冥冥之中若有巧合的術語而感到奇怪了。

從一切方面看來，印度完全有可能是『變家』的濫觴地。可是，它是怎樣來到中國的呢？這裏就不可避免地牽涉到了傳播問題。根據我國著名學者季羡林教授的最新研究成果，中亞是早期中印文化交流的必經之路與媒介地區（亦稱『接榫處』）。這種交流的大致模式是：印度→大夏（大月氏）或中亞新疆小國→中國。現在，没有人會認爲中印之間在早期曾有過直接的交流。考以文化交流的一般情況，兩種或兩種以上的不同文化的交彙（或稱『涵化』，法文 acculation）總是在媒介地區或接榫處實現，涵化後的新形式也往往出現於此。梅維恒教授顯然非常重視中亞地區。國内很少有人注意到，在古代中亞，戲劇表演曾經繁榮一時。二十世紀初，歐洲探險隊曾在這一地區發現過馬鳴（Aśvaghosa）的劇本殘片，後來由上面提到的 Heinrich Lüders 在一九一一年校訂出版；七十年代，又出土了吐火羅語 A（焉耆語）的《彌勒會見記劇本》（Maitrey-asamitinātaka），該劇本長達數十幕，與印度、中國的戲劇在形式上均有所不同，表現出明顯的『接榫特徵』。這個劇本還被譯成了回鶻文。由此可知各種各樣的表演形式之間有著十分頻繁的交流。梅維恒先生拈出了回鶻文術語 Kōrkin Kōrkürü（據梅教授的翻譯，爲『使神秘現象的具體化被人看見』），方法仍是語言學的。梅維恒教授還仔細探討了中亞殘存戲劇中某些與『變家』非常相似的表達方法，從而確定了中亞在中印之間的『變家』傳播中所扮演的重要角色。這個論斷無疑是符合歷史事實的。

中國與外來文化相互交流的通道隨著年代的早晚，也先後有相應的兩條。一條是以陸路爲主的中亞通道，亦稱『絲綢之路』；一條是以海路爲主的東南亞通道，近來有人稱之爲『海上絲綢之路』。不過，除了有限的幾個碑銘之外，幾乎没有確實可信的有關東南亞古代史的記載，這和印度的情況頗爲相似。但是，東南亞的民間藝術名聞遐邇，尤其是印度尼西亞，堪稱是民間藝

術的博物館。梅教授在充分研究了中亞地區之後，馬上把目光集中到了印度尼西亞，思路非常清晰。通過對表演手法等方面的詳盡考察，我們有足够的理由確信，就像『變家』一樣，印度尼西亞的形形色色的 Wayang 表演也是承 Śaubhika 遺緒的。與『變家』不同的是，Wayang 至今不衰，而且保存了不少的原始面目。Wayang 在東南亞文化史中有著非常重要的地位，這不僅因爲它是一種古老的藝術，甚至也不僅因爲它是文化交流的產物，Wayang 實際上是東南亞文化史不同時期的分水嶺之一。根據 D.G.E. 霍爾的名著《東南亞史》，曾有人（比如克羅姆）在戈岱司舉出的印尼東南亞本土文化的五種標志之外，又加上了 Wayang、『卡美蘭』（gamelan）與『蠟染法』（batik）。這八種文化現象被看作是印度影響到來之前，也就是說，所謂的『印度化國家』（indianized countries）出現之前的東南亞本土文明的產物。現在看來，這種説法不太合適。由於梅維恒教授的出色研究，至少皮影戲及傀儡戲——這些與『變家』都有同源關係——等民間藝術，也不會是土生土長的。在印度尼西亞，這種民間藝術發展進程中的每種形式，大致上都或多或少地留存了下來。這就給梅維恒教授提出電影與這些民間藝術形式『本是同根生』的説法提供了許多化石樣本。

其實，『變家』這種民間文藝形式在中國也改頭換面地傳了下來。上面提到的『西洋景』、『拉洋片』者就是。不過，它們的直接來源是歐美而不是印度、中亞。這充分體現了文化交流的複雜性。這一類的民間文藝形式以印度爲起點，在漫長的時間裏早已傳遍了全世界許多國家與地區。限於實際情況，國内學者對這麼大範圍的文化交流，實在是缺乏必要的研究條件。我們所談的文化交流，往往缺乏宏大的背景，從而影響了我們對『文化交流』這一通俗易懂的詞所包含的真實内容的深刻理解。

梅維恒教授根據自己的見聞，又研究了印度近現代的各種有關的文藝形式，并以世界爲背景進行了考察。從這一研究中，我們了解到，不僅中國有『變』、『寶卷』和『拉洋片』，而且世界上許多地方也有類似的東西，都直接或間接地起源於印度這個神秘的國度。

梅維恒教授的這三部著作，尤其是《繪畫與表演》（此書中譯本已經出版）應該能給中國學界許多啓迪，用更廣闊、更深刻的眼光來看待俗文學·民間文藝·文化交流的錯綜複雜的關係，恐怕就是許多啓迪中最重要的一個。

（1）*Tun-huang Popular Narratives*（Cambridge Studies in Chinese History, Literature and

Institutions), 329pp., 8 plates. Cambridge University Press, 1983; (2) *T' ang Transformation Texts: A Study of the Buddhist Contribution to the Rise of Vernacular Fiction and Drama in China*, (Harvard-Yenching Institute Monograph Series 28), Harvard University Press, 1998; (3) *Painting and Performance: Chinese Picture Recitation and Its Indian Genesis*, University of Hawaii Press, 1988.

《痴華鬘》撰者姓名小考

上海魯迅紀念館與上海書店爲紀念魯迅先生逝世五十周年，特編印《魯迅作序跋的著作選輯》，共十五種。今已不可多見的書籍按初版原貌影印刊行。内收王品青先生校點之《痴華鬘》。此書原版封面有疑古玄同（錢玄同）之隸書『痴華鬘』題簽，内扉頁則印有『尊者僧伽斯那撰』七字。此本無問題可言。然此書外新加一書皮，上題撰者爲『伽斯那撰』四字，以『伽斯那』爲撰者姓名。乃聯想及一九八七年浙江古籍出版社刊蓉生之《百喻經譯注》，其書首頁即刊有魯迅先生之《痴華鬘・題記》。蓉生注魯迅先生原文『天竺僧伽斯那……』爲『伽斯那，古印度的一位佛教法師……』（見《百喻經譯注》頁三）。并於頁五之今譯部分中譯爲『這是印度僧人伽斯那……』，并於下文中又見『佛教法師伽斯那』云云，顯然蓉生亦以『僧伽斯那』四字爲『僧人伽斯那』。

案，此誤。今見諸本《痴華鬘》（《百喻經》）皆題『尊者僧伽斯那撰』七字，印度語言文學王邦維博士在其所輯之《佛經故事選》（重慶出版社，一九八五，頁一五）亦未將『僧伽斯那』四字分拆。吕秋逸先生所著《新編漢文大藏經目録》（齊魯書社，一九八一），十分精審，於撰譯者僅載

可靠之朝代與本名，古本中屢現之尊稱皆略而未載，故可引以爲有力證據。《目録》頁七三，號〇八九四云：『百句譬喻經五卷。〔僧伽斯那撰〕。蕭齊求那毗地譯。永明一〇年（四九二）出〔祐〕。後題百喻經〔開〕。』則吕秋逸先生及王邦維博士、諸古本（於體例觀之）皆以作者名爲『僧伽斯那』四字，非『伽斯那』。

又案，『尊者』梵文爲 Bhagavan，『僧伽斯那』則爲 Samghasena 無疑。則撰者即名『僧伽斯那』，不可誤爲『僧人伽斯那』。

上述以撰者名爲『伽斯那』之誤，一因於譯本體例未加深究，更因不諳梵語之故。

『三寸丁穀樹皮』臆解

《水滸傳》第二十四回『王婆貪賄説風情，鄆哥不忿鬧茶肆』：

> 這武大郎，身不滿五尺，面目醜陋，頭腦可笑。清河縣人見他生得短矮，起他一個渾名，叫做三寸丁穀樹皮。

研究《水滸傳》者亦夥矣，然於『三寸丁穀樹皮』大多不施句讀。偶亦見有點作『三寸丁，穀樹皮』者，當因見下回有『三寸丁兒』之故。以作者之淺陋，尚未見他説。

案，武大郎既『生得短矮』，而『三寸丁』於丁中實不爲短，所擬已可謂不倫；『穀樹皮』云云，更爲不辭。則『三寸丁，穀樹皮』之斷句爲解，自係不當，可置不論。

近得讀北京大學考古學系林梅村教授《佉盧文文獻：中國藏品（一八九七—一九九三）》[Kharoṣṭhī Bibliography: *The Collection from China* (1897 ~ 1993), *Central Asiatic Journal*, 40 (1996) 2, pp.188 ~ 220]，文中有云（p.200），據敦煌本唐代地理寫卷，Toyuk（今吐魯番吐峪溝）作『丁穀』，

其地有佛教洞窟寺『丁穀寺』(可參 I.Gershevitch 教授《大夏語銘文與寫本》(*Bactrian Inscriptions and Manuscripts*)，載《印度日爾曼語及普通語言學雜志》(*Zeitschrift für Indogermanistik und allgemeine Sprachwissenschaft*, 72, Berlin, 1967, pp.59 ~ 78)。

此寫卷當即敦煌所出《西州圖經》殘本，内云：『丁穀窟有寺一所，并有禪院一所。』據王炳華教授《訪古吐魯番》(新疆人民出版社二〇〇一年版，頁一〇一)，此寺等歷經俄、德、日國所謂探險家劫掠，地震破壞，雖已破敗零落，然至今猶存。

Gershevitch 教授於上揭論文中，更涉及九世紀和闐文地理寫卷一份，其中稱 Toyuk 爲 ttiyäka。J.Hamilton 教授撰有《論鋼和泰寫卷之作者》(*Autour du manuscript Staël-Holstein*, TP, 46, 1958)，考論漢語『丁穀』及和闐文『ttiyäka』極有來自吐火羅語 A『trunk』或吐火羅語 B『tronk』之可能，而以 trunk 與 tronk 之原始型當系 trunqo-s，其語義正是『洞、窟』(cave, grotto)。當可視同於拉丁語之 truncus 或 antrum。

以印歐比較語言學角度觀之，上列諸説甚辯。如是，則『丁穀』二字或系外族語詞之漢語譯音。《西州圖經》之『丁谷窟』，『丁穀』者譯音，『窟』者表義，正與古之『沐猴』(參張永言教授《語源探索三例》，收入氏著《語文學論集》[增補本]，語文出版社一九九九年版，頁二六二—二八四)，今之『啤酒』、『沙發椅』、『摩托車』等等同例。譯者固極具巧思也。

若是，則『三寸丁穀樹皮』云云，可得一新解。以武大郎短矮醜陋，複無識見，猶如洞窟中之樹，爲陽光雨露所不及，不得發舒，無由參天，只及『三寸』。『皮』者云云，複言武大郎之醜、之弱。『丁穀』一詞，至晚於唐初已混入漢語，久而久之，世人於其外來詞身份已不復省憶。《水滸傳》之作者實不解此，遂於第二十五回『王婆計啜西門慶，淫婦藥鴆武大郎』中，敘及武大郎被西門慶『踢中心窩裏』後，作詩曰『三寸丁兒没幹才』，徑將『丁穀』腰斬，而棄『穀樹皮』於不顧矣。

此外尚有可論者，案『洞窟』與上揭吐火羅語 trunk、tronk，於音於義，似均無不洽。若幸有精通對音勘同之博雅君子，證成『洞窟』一如『丁穀』，亦係外來語詞，以其譯音譯義圓融無間，渾然天成，則譯法之高妙，又遠出『丁穀』、『丁穀窟』之上矣。

卷二

一生爲東方文化招魂

——季羡林先生學術思想評述

從齊魯大地到清華大學

季羡林先生，字希甫，以名行。一九一一年八月六日生於山東省清平縣（今歸臨清市）官莊，家貧重學。六歲之前，師從馬景恭先生。六歲赴濟南投奔叔父。叔父無子，視先生爲己出。先生叔父自學成家，曾自編自選理學文章成《課侄文選》，教授先生。高小期間，先生開始學習英語。初中就讀於正誼中學。正誼校長鞠思敏畢生言行一致，氣節炳然，對先生人格之形成有重要影響。課餘參加古文學習班，習讀《左傳》、《戰國策》、《史記》等古籍。先生初中期間即無書不讀，尤好説部。

在正誼讀了半年高中之後，先生於一九二六年轉入山東大學附設高中。曾作《讀〈徐文長傳〉書後》，獲齊魯名儒國文教師王昆玉激賞，批道：『亦簡勁，亦暢達。』先生由是研讀韓、柳、歐陽、三蘇諸家文集。因考試成績連續名列第一，時任山東大學校長的前清狀元，平時惜墨如金的王壽

彭先生親書對聯、扇面以爲獎勵。并於此時始學德文。

一九二九年，先生轉入山東省立濟南高中，在胡也頻影響下，開始閱讀由日文轉譯爲中文的馬克思主義文藝理論書籍，并作有《現代文藝的使命》等文。在董秋芳（冬芬）影響下，開始用白話文寫作。董對先生十分賞識，許爲『全校之冠』。

次年，先生赴北平，同時考取北京大學和清華大學，這在當時是相當少見的。先生決定入清華大學西洋文學系。先生自己回憶，大學期間所修課程中對先生影響最大者有兩門：朱光潛先生所授的『文藝心理學』及陳寅恪先生所授的『佛經翻譯文學』。一九三四年，先生畢業，學士論文爲『The Early Poems of Hoelderlin』（《荷爾德林的早期詩歌》），導師艾克教授（Prof・Ecke）。大學期間，先生與吴組湘、林庚、李長之等往還甚密，討論評騭中外文學作品，并且創作發表了大量散文作品，翻譯了許多西方文學名作，名列《文學季刊》的特約撰稿人。雖然出於各種原因，先生没有應同學胡喬木（時名胡鼎新）動員加入中國共産主義青年團，但是，仍然到胡主辦的工人子弟夜校教書，并且積極參加了清華大學南下請願團，臥軌絶食，要求出兵抗日。

畢業後，先生應濟南高中宋還吾校長之邀，返魯任國文教員，同時繼續參與編輯某大報文學

副刊。其間，鄭振鐸先生請先生將幾年來所寫散文編集，收入他主編的一套叢書予以出版，後因先生出國未果。

留德十年

一九三五年，清華大學和德國學術交換處（DAAD）簽訂互換留學生合同。由於先生在清華主修德語專業，四年成績全優，一申請即獲通過。同年秋，入哥廷根（Goettingen）大學，主修（Hauptfach）印度學，副修（Nebenfach）英國語言文學和斯拉夫語言文學。

先生做出這樣的選擇是有深沈的理由的。從學術大潮流來看，清末以來天竺聖方一直是中國知識人除了西方、日本之外的另一個關注點。黃侃曾在《蘄春黃先生語録》中概括道：『近人之病有三：一曰郢書燕説之病，一曰遼東白豕之病，一曰妄談火浣之病。』章太炎、蘇曼殊等皆可爲例，他們甚至還都研習過梵文。從學術小環境來看，陳寅恪、湯用彤先生將西方的東方學和中國傳統考據之學加以結合，開闢了新的學風，對有志預流的青年學者産生了振聾發聵的影響。就先生個人而言，早就立下志願：『中國學術要發展，必須能直接與西方一流學者相抗衡……真有本事，就應去和西方學者爭論他們的學問，與國人討論中國的學術。』決意不作有關中國的題目，甚至也不考慮將漢學列爲副修，以節省精力。這種做法和當時留學生的風氣迥異。連在清華時即著才名的喬冠華爲了早得博士，也不惜如魯迅所譏諷者以莊子爲論文題目。喬固非不能者，尚且如此，他更無論矣。

先生師從哥廷根著名學者瓦爾德施密特（Waldschmidt，陳寅恪先生譯作『林治』）、西克（Sieg）、布勞恩（Braun）等教授研習梵文、巴利文、吐火羅文、俄文、南斯拉夫文、阿拉伯文等等，還短時間學過希臘文、拉丁文。留德十年的大半時間由於第二次世界大戰的原因，生活非常艱難。用先生的話來講：『機聲隆隆，饑腸雷鳴；人命危淺，朝不慮夕。』但是，先生則『積稿盈案，樂此不疲；開電燈以繼晷，恒兀兀以窮年』。先生認爲，這十年是自己學術生涯中的黄金時段，以後再也没有過了。

一九四一年，先生以全優成績通過口試和論文答辯，獲哲學博士學位。導師瓦爾德施密特教授，論文題目是『Die Konjugation des finiten Verbums in den Gāthās Mahāvastu』（《〈大事〉迦佗部分的動詞變化》）。《大事》係用佛教混合梵語寫成的小乘佛教大衆部説出世部律典，向稱難治。先生是全面系統研究該部分動詞形態特徵并加以總結的第一人。此文在當時引起了不小的轟動，

不僅瓦爾德施密特教授、西克教授認爲極好，而且連克勞澤（Krause）教授也贊不絶口。克勞澤是比較語言學界的非凡人物，自幼雙目失明，却有著驚人準確的過耳不忘的記憶力，掌握數十種語言。他對先生論文中有關語尾 -mathe 的一段附録給予了極高評價。因爲古希臘文裏也有類似的語尾，所以，先生博士論文的成果對印歐語系比較語言學的研究具有突破性的重大意義。

在這段本身不算太長的黄金時段的餘下的近五年時間裏，先生還用德文在哥廷根重要學報上發表了好幾篇經典性論文，篇幅之大都接近甚至超過了專書，得到了學界的極大重視，幾十年來反響不絶，從而奠定了先生印度學、佛教學、吐火羅語研究的權威地位。一九四四年，先生出版了引起半個多世紀討論的名作 Die Umwandlung des Endung -am in -o und -u im Mittelindischen（《中世印度語中語尾 -am 向 -o, -u 的轉换》）。這項研究的貢獻在於，先生發現并且證明了這種語尾轉换乃是中世印度西北方言犍陀羅語的特點之一。此書在發表後不久即引起軒然大波，美國著名梵學家艾哲頓（F·Edgerton）在一九五三年出版的 Buddhist Hybrid Sanskrit Grammar and Dictionary（《佛教混合梵語語法及字典》）的導論部分用了好幾個章節的篇幅來與先生爭論。先生對這個問題的關注跨越了半個世紀，以後還有論文加以討論。在先生回國任北京大學教授後的一九四九年，實際上先生於一九四五年回國前已經完成而留在德國的一部論著由瓦爾德施密特教授的安排在哥廷根刊行，這就是名著 Die Verwendung des Aorists als Kriterium fuer Alter und Ursprung buddhistischer Texte（《使用不定過去式作爲判定佛典年代和起源的標準》）。在其中，先生指出并且證明不定過去式是中世印度東部方言半摩揭陀語的一個語法特徵，文章的意義在於爲在缺乏或者説根本没有信史傳承的印度歷史背景下，判明佛教研究所必須了解的佛典年代和來源地提供了相當可靠的語文學方法。這項成果一直備受學界重視。一九八〇年，先生訪問日本。由於先生受多重因素限制，多年以來被迫中斷了對該領域的研究，因此，當時的日本學者雖然都知道先生是北大副校長、著名學者，但是對先生與印度學的關係却不甚了了。日本梵學大家原實教授借著酒意問道：『聽説您在德國學過梵文，教授是哪一位？』先生答道：『在哥廷根，教授是瓦爾德施密特。』原實教授接著問：『您或許就是那位研究梵語不定過去式的 Dschi HianLin（先生名字的德語拼法）？』據後來到北大師從先生獲得博士學位的日本優秀梵文、佛教學者辛島静志教授回憶，事後，原實教授對他説，他簡直不能相信，四十年代就發表了兩部德文專著、推動

佛教混合梵語研究的學者，三十多年後竟坐在自己面前。

二戰期間，瓦爾德施密特教授被征從軍，已經退休的西克教授被回聘，先生遂從其研究《梨俱吠陀》、《波你尼語法》、《大疏》、《十王子傳》等印度古典。西克教授是吐火羅語研究的奠基人，先生從其游，成爲東亞通曉這種天書的第一人。一九四四年，先生在ZDMG（《德國東方學會學報》）上刊發長文『Parallelversionen zur tocharischen Rezension des Punyavantā-Jātaka』（《〈福力太子因緣經〉吐火羅語本諸異本》），利用該經的其他語言、特別是中文譯本，確定吐火羅語本某些辭彙的語意，爲當時對該問題幾乎束手無策的歐洲學者別開蹊徑，在方法上取得了典範性的突破，至今仍然被吐火羅語研究者遵奉。

一九三七年起，先生兼任哥廷根大學漢學講師，與著名漢學家如夏隆（Gustav Haloun）、韋利（Arthur Waley）、馮·梅興黑爾芬（Otto von Maenchen–Helfen）相從論學往還。先生在漢學系圖書館閱讀了大量漢籍，尤其是筆記小説和漢文大藏經，爲此後不得已的某種意義上的轉行打下了堅實基礎，使得先生迥異於離開了西方本行資料只能完全中斷研究工作的留洋學生，回國後，儘管只有像先生自己戲言的那樣『有多大碗吃多少飯』，却依然能够很快地另辟新境，在新領域裏做出令人矚目的貢獻。

無奈的看碗吃飯

先生於一九四五年秋冬之際，急切而又依戀地告別了生活工作十年之久的哥廷根，居留瑞士半年。次年春末，取道法國、越南，一路備極艱辛，經香港於夏末回到闊別了十一年的故國。同年秋，陳寅恪先生將先生介紹給胡適、傅斯年、湯用彤先生，先生遂應聘任教北大，在當了一個星期的副教授後，即被聘爲教授并任東方語言系創系系主任（先生擔任此職直至一九八三年，文革期間除外）。爲此，先生辭去了已轉任劍橋大學漢學教授的夏隆赴劍橋任教的聘請，全身心地致力於培養中國東方學學者，建立、完善并推動中國東方學的發展，成爲中國東方學之父。

雖然鄭振鐸先生認爲到北大教梵文幾乎是一份理想的工作，不過，即使是北大，儘管後來有了陳寅恪先生因無錢買煤而以兩千美元的低價轉售的一批東方語文書籍，以及更晚一些時候湯用彤先生捐贈的一批梵文、巴利文書籍，圖書資料仍然遠遠稱不上完備。先生不得不就自己的研究方向稍作變更，轉以有大量漢文材料可資利用的佛教史、中印乃至中外文化交流史爲主要領域了。『有多大碗吃多少飯』就是針對這種情況的無奈之言。一九四七年，先生的名作《浮屠與

佛》經陳寅恪先生推薦，發表在《中央研究院歷史語言研究所集刊》上（英文本刊於 Sino-Indian Studies）。此文堪稱發千古未發之覆，考明梵文的 Buddha 在龜茲文中變化爲 pud 或 pūd，在焉耆文中作 pät，此乃『佛』的直接來源，故『佛』非『佛陀』之略稱，反而後者是前者之加長。由此，不僅説明了『佛』在漢譯佛典中的出現早於『佛陀』這一史實，更重要的是，還揭示了佛教并非直接由印度，而是通由中亞間接入華的。佛經譯者用來母字翻譯梵語的頂音，這個現象曾使許多音韵學家困惑不解。先生在一九四八年撰寫了《論梵文 ṭḍ 的音譯》，指出中文用來母字翻譯梵語的 ṭḍ 是由於早期的佛經係用俗語（Prakrits）寫成，而在俗語裏正有 ṭ>ḍ>l 的語音變化。先生將這個語言迻譯過程分爲後漢至魏晋南北朝、南北朝至隋、隋以後三期。借此，先生最早明確强調『華梵對勘』必須有一前提，即必須首先證明音譯字直接譯自梵語，否則無從勘起。可惜，許多學者在從事對音工作時，没有意識到這一點，結果自然怪説蜂起，舛誤百出。運用華梵比較，解決漢文典籍真僞問題，是先生運用純熟的研究方法之一。《列子》係僞書，少有異議，然而這部僞書究在何時造成？造僞者何人？則無人能够斷言。先生於一九四九年發表《〈列子〉與佛典》（英譯文刊 Studia Serica），發現《列子·湯問篇》中有一段與西晋竺法護所譯《生經》卷三《佛説國王五人經》卷二十四中之故事雷同，進而廣徵博引，證明《列子》出於太康六年（二八五年）之後，本文、序及注均出自張湛一人之手。同年發表的《三國兩晋南北朝正史與印度傳説》（英譯本刊 Studia Serica），引用梵文、巴利文、吐火羅文材料，考證上述正史所載諸帝形貌實有佛教傳説雜糅附會於其間。研究手法之圓熟，考證之細密，令人嘆爲觀止。

一九四九年後，東語系改爲以培養黨的外交、翻譯人才爲現實服務爲主，在急遽擴大的同時，逐漸走上了與創立之初的宗旨不同的道路。先生任一級教授、學部委員，在仍然擔任系主任的同時各種兼職壓到了先生身上，行政工作加重了。在整個大環境的影響下，研究方向也發生了更大的變化。先生的領域無奈地移向印度文學、近現代印度史、中外文化交流研究。先生翻譯了《五卷書》、《優哩婆濕》、《沙恭達羅》、部分《十王子傳》和《佛本生故事》，發表了大量的評論介紹文字以及研究泰戈爾的文章；出版了《印度簡史》、《一八五七—一八五九年印度民族起義》；撰寫了研究造紙、造紙法、蠶絲傳入印度問題的論文，將有關論文編成《中印文化關係史論叢》。除此之外，先生還和曹葆華合作，翻譯了馬克思有關印度的論述，編成《論印度》一書。翻譯工作還延伸到德國文學，如托馬斯·曼的《沈重的時刻》和《安娜·西格斯短篇小説集》。這段時間，先

生創作了大量歌頌新中國的散文。至於先生的老本行，由於各種原因，顯得相對寂寥了。但是也發表了《記〈説一切有部律〉梵文原本的發現》、《吐火羅語的發現與考釋及其在中印文化交流中的作用》等論文，提出了不少新的看法，不過主要以介紹爲主，與留德期間的工作情況不同了。

在這段十多年的時間内，先生僅有的兩篇研究原始佛教語言的論文都是由於偶然機緣寫成發表的。一九五六年，據印度傳説，乃釋迦牟尼涅槃二千五百周年，先生特撰寫了《原始佛教的語言問題》，在無從利用歐洲戰後發表的西方學者研究成果的困難條件下，以漢文材料爲依傍，證明了使歐美學者聚訟不已的『sakā nirutti』既非指『佛自己的語言』，亦非『文法』，而是指『比丘們自己的語言』，也就是説，佛允許比丘用各自的方言俗語來學習佛言。這裏所指明的實際上是一個非常重要的歷史事實：原始佛教不允許比丘使用梵文來學習佛法，也并未規定以某種語言作爲標準經堂語。上文提到，先生的兩部德文論著引起了印度學界的軒然大波，不過，先生了解到這個情況要晚至一九五八年。北大圖書館當時還可以從國外訂購學術書籍，先生也就有機會看到艾哲頓於一九五三年出版的皇皇巨著《佛教混合梵語語法及字典》。針對其中與先生的爭論，先生於一九五八年發表了《再論原始佛教的語言問題》，反駁艾哲頓的意見，贊同德國梵學巨匠吕德斯（Heinrich Lueders）的説法，主張原始佛教有一種用佛教原始語言，即印度古代東部方言半摩揭陀語（Ardhamagadhī）寫成的佛典，以大量的材料，再次論述了自己的觀點。

在『文化大革命』之前，先生基本上被看作是『又紅又專』的典型，加上在高級知識份子中罕見的窮苦出身，一貫謹言慎行謙虚下人的高尚品格，儘管也不可避免地受到衝擊，但是生命尚未受到威脅，物質生活尚有保障，工作環境雖不完美却也尚未遭到徹底摧毁，授業著述的自由尚未被剥奪。然而，一場踐踏了先生學術生命中最好的十二年中年年華的大革文化命的狂風驟雨到來了。

瘋狂歲月裏的壯舉

從文化大革命初始時期到工作組被趕跑，先生還是被劃在『臨界綫』上的，基本屬於『人民内部矛盾』。不久，先生按捺不住義憤和正義感，主動跳了出來，反對不可一世的『老佛爺』聶元梓，其結果當然是馬上被打成『資産階級反動學術權威』、『黑幫分子』，在歷經極其野蠻的批鬥，飽受精神與肉體的摧殘之後，被關進了『牛棚』。工作的權利理所當然被徹底剥奪，生活水平也被降低到幾乎難以維生的地步，遭到慘無人道的殘酷迫害。這一切都真實地記録在《牛棚雜憶》之中，諸般喪心病狂的暴行就不在此詳述了，引用一段樂黛雲教授的回憶也就足够了：『……迎

面撞上一群紅衛兵敲鑼打鼓，喊著口號，押著兩個黑幫分子遊街，走在後面的是周一良教授，走在前面的就是先生！他們兩人都是胸前挂著牌子，背上扣著一口食堂煮飯用的中號生鐵鍋，用細繩子套在脖子上，勒出深深的血印。紅衛兵們推推搡搡，高呼著「廟小神靈大，池淺王八多」的最高指示。……那背上的黑鍋就是「王八」的象徵。先生吃力地向前走著，一縷血紅的殘陽斜抹在他汗涔涔的臉上。我陡然與先生的目光相遇，那是怎樣一雙眼睛啊！依然清澈，依然明亮，沒有仇恨，沒有恐懼，只有無邊無際的仁愛和悲憫，凝視著那些虐待他的、無知的年輕人！』

文革後期，先生被『寬大』安排到外文樓、三十五號學生宿舍值班，收發信件，接聽傳呼電話、充當門房，成了一個『不可接觸者』。用先生自己的話來講：身處『被打倒與不打倒之間』，『國家前途，不甚了了；個人的未來，渺茫得很』。先生『創作已經毫無可能，研究也就早已斷了念頭。想來想去，還是搞些翻譯吧。翻譯了而能出版，那是根本不可能的事情，我連想也沒有去想。既然爲翻譯而翻譯，爲了滿足自己那閑不住的習慣而找點活幹，最好選一種比較難的、相當長的、能曠日持久地幹下去的書來翻譯』。正好東語系圖書館在那樣的歲月裏奇迹般地從印度訂到了《羅摩衍那》梵文精校本，一九七三年，先生遂決定翻譯。梵文原本厚達七巨册，先生每天把一小段原文抄在小紙片上，看門之餘，構思腹稿，如果沒有人注意，就趕忙偷偷寫下，回家再整理。一九七三年到一九七六年，先生在全書七篇中完成了將近三篇的翻譯，可謂驚天地而泣鬼神！一九八〇年，先生在時隔三十五年後訪問德國，將剛剛出版的第一卷贈送給已年邁退休的瓦爾德施密特教授，老人對先生轉而研究印度文學流露出不解和不滿，老人怎麽可能了解這項工作對先生、對中國學人的意義呢？《羅摩衍那》八大册後來在一九八四年出齊，除了英譯本之外，漢譯本是當時全世界第二個完整的譯本，誰能够想象這是由一位學者在如此艱難的環境下獨力完成的呢？

一九六六年三月至一九七八年四月，整整十二年，先生沒有也不可能發表一篇論文，在先生助手已故李錚教授所編《季羡林著譯目録》裏留下了一段令人窒息的空白。

老驥豈伏櫪 志猶超千里

文化大革命結束後，先生不僅恢復了原先的一切職務，還承擔了包括北京大學主管文科的副校長在內的其他許多學術組織的領導工作，主席、主任、會長、主編、顧問等等的本兼各職幾近百數，學術活動、各類會議、國際交流之頻繁令人幾乎無法想象。一九九五年以前者俱見李錚教

授編著的《季羨林年譜》，此不贅述。但是，先生仍然保持著凌晨四時即起的習慣，抓緊一分一秒的時間的『邊角廢料』，從事研究撰述，并且親自指導國内外研究生，主持學術研討班（Seminar）。先生的學術生命又一次焕發出絢麗奪目的色彩。下面只能極爲簡要地介紹一下先生從文革結束至今二十餘年的學術成就。

在中印文化交流史方面，先生組織并指導一個學術團體，整理校注了《大唐西域記》。這項工作吸收了一個多世紀以來《大唐西域記》研究的精華，從根本上超越了國外學者，贏得了國際學界的交口贊譽。先生專爲此書撰寫的前言《玄奘與〈大唐西域記〉》長達十余萬言，全面論述了《大唐西域記》的價值以及相關問題，這樣系統全面的文章在該領域中是前所未有的。值得注意的是，先生還主持了『《大唐西域記》今譯』，并且親自動手今譯，爲古籍今譯做出示範。前面提到，先生在五十年代就曾經發表專文，研究紙、造紙術、蠶絲傳入印度的問題，這項研究不僅得以恢復、延續，還開闢了對瓷器入印的探討。不過，先生的注意力後來日見集中到糖和制糖術上了。先生本其一貫的對資料竭澤而漁的研究態度，不顧年高，在一段時間内天天到北大圖書館翻閲《四庫全書》，摘抄有關史料，參考了敦煌卷子以及外國古典，借鑒了國外學者的既有成果，發表了很多篇論文，最終完成了兩大册的專著《糖史》。先生早年即有志撰寫的《中印文化交流史》，在文革前已經基本成稿，文革中被抄家而散失，只剩下幾十頁殘稿，也在先生晚年得以完成。

佛教史研究也是先生致力極巨而取得卓越成就的領域，所發表的論文都解决了撰寫通史無法回避的難點。如果現在要撰寫一部新的佛教史，那麽，不考慮先生的意見就不可能在前輩學者的框架的基礎上有所突破。比如，一九八一年，先生發表《關於大乘上座部的問題》就十分重要。按傳統説法，大乘本不應有『上座』、『大衆』之分，因此，《大唐西域記》中共出現五次的『大乘上座部』就顯得格外突兀了。先生認爲，錫蘭佛教固然以小乘上座部爲主，但是一直受到大乘的影響，尤以無畏山住部爲甚。所謂『大乘上座部』，即是接受大乘思想的小乘上座部，從而對佛教史上懸而未決的問題提出了新解釋。又比如，一九八四年，先生爲參加第十六屆國際歷史科學大會撰寫了長達將近十萬字的論文《商人與佛教》，引用了大量材料特别是尚未受到足够重視的律藏裏的記載，從全新的角度論證了古代商人與印度佛教的關係，揭示出佛教特殊的入世的一面，具有開創之功，深受與會者好評。原始佛教或者説佛教草創初期的歷史，一直是先生很感興趣的研究對象。一九八七年，先生發表了《佛教開創時期的一場被歪曲被遺忘了的『路綫鬥爭』》——提

婆達多問題》。提婆達多是釋迦牟尼的堂兄弟，極有才能，有自己的戒律、教義和信徒，然而在佛經中常常被描繪成十惡不赦之人。晋代法顯、唐代玄奘、義淨在印度都還見到過提婆達多的信徒，可見其影響之深遠。在先生之前，還未有人注意到這個重要現象，先生之文昭若發蒙，在佛教史研究中開拓出一塊新園地。作爲一名嚴謹的學者，先生對德國學者的『徹底性』(Gruendlichkeit)歷來極爲贊賞，先生自己的研究也以徹底性著稱。前面提到過的一九四七年發表的《浮屠與佛》遺留下一個問題，即『佛』在吐火羅語裏的對應詞都是清音，而漢語『佛』的古音却是濁音，無法完全對應。四十年後，先生又積累了許多資料，結合了國外中亞古代語言研究的新成果，發爲新文《再談『浮屠』與『佛』》，指出『浮屠』來自大夏語，而『佛』則譯自其他伊朗語族古語，由此不但徹底解決了清濁音問題，還證明了佛教傳入中國經歷了分別以大夏、中亞新疆小國爲中介的兩個階段。先生以一個大學者的風度，自我更正了四十多年前提出的佛教直接入華説。

佛教語言研究當然是先生始終不能忘懷的領域，只要有條件接觸到新材料，就必定加以利用，發爲專文。一九八四年，先生撰成《中世印度雅利安語二題》，研究了犍陀羅語《法句經》吉爾吉特殘卷、《妙法蓮華經》、《佛説佛寶德藏般若波羅蜜經》，進一步證明了 -aṃ>-o, -u 的現象，

并以此解釋大乘佛教起源問題。在此文『第二題』中，先生堅持自己四十年前的結論，認爲不定過去式是東部方言的特點，同時從善如流，改變了自己數十年前認爲巴利文是西部方言的看法，轉而認爲它是東部方言摩揭陀語的一種形式，這樣就使得先生的觀點更加明確，結論更加堅實。一九七六年，在哥廷根舉行了『最古佛教傳承的語言』討論會(佛教研究座談會之二)，先生反復閱讀了會議的全部論文，也是在一九八四年撰寫了長篇論文《三論原始佛教的語言問題》，討論了有没有一個『原始佛典』？有的話，用的是什麽語言？釋迦牟尼用什麽語言説法？阿育王碑能否顯示方言劃分？《毗尼母經》等講的是誦讀方法(音調)，還是方言的不同？《三論》涉及面極廣，論證面面俱到，除非有全新的材料出現，否則，先生在幾十年前提出的觀點當可以定論視之。《三論》的發表固然標志著一個系列的完成，但是，先生并未將它看成研究工作的終結。一九八六年，先生又發表長文《論梵文本〈聖勝慧到彼岸功德寶集偈〉》，考明古代印度西北方言 -aṃ>-o, -u 的語言變化特點見於此經，判定此經必然與印度西北部有聯繫，進而推翻了過去有關般若部起源問題的結論。先生認爲，大乘起源可分作原始大乘及古典大乘兩個階段，使用的語言不同，前者使用混合梵語，後者使用梵語。先生游刃有餘地考定原始大乘起源於東印度，時在西元前二世紀

至三世紀。《大智度論》卷六十七所述般若部源於東方，傳到南方，又傳至西方，再至北方的路綫，也就是大乘佛教起源和傳播的路綫。這一論斷是大乘起源研究的重大建樹，也完美地證明了先生的研究方法的成功。一九九〇年，先生還根據德國學者恩默瑞克（R・E・Emmerick）教授刊布的新疆出土的吐木舒克語（Tumshuqese）佛經材料，發表了《新疆古代民族語言中語尾-aṃ>-u的現象》，表明先生的舊結論完全能够經受新材料的考驗。此外，先生還從漢語佛典中找資料，發表了很多別開生面的論文，如《論〈兒郎偉〉》（一九九〇）、《玄奘〈大唐西域記〉中『四十七言』問題》（一九九〇）、《梵語佛典及漢譯佛典中四流音ṛṝḷḹ問題》（一九九〇）、《所謂中天音旨》（一九九三）等，都是前人未曾措手者。

一九五五年後二十多年，先生沒有發表有關吐火羅語研究的論著。從七十年代末起，先生爲了反駁『吐火羅文發現在中國，研究在國外』的欺世之談，在國内尚無第二人有能力解讀吐火羅語文獻的情况下，毅然承擔了新疆出土吐火羅語A（焉耆語）《彌勒會見記劇本》的考釋研究工作。這項工作的難度遠遠超出一般人的想象之外。先生在不長的時間内，用中、英文在國内外重要期刊上陸續發表了十多篇文章，不僅爲印歐語言學界提供了精心校訂考釋的語言文本，證明了佛教戲劇曾經存在於、傳播於絲綢之路沿綫的新疆古代民族之中，更重要的是將對比較語言學極爲重要的吐火羅語研究提高到了一個嶄新的水平。先生在研究《彌勒會見記劇本》的同時，還不斷發表其他有關的成果。就目前而言，整個東亞乃至亞洲只有先生有能力完成此類研究。一九八二年，先生寫成《吐火羅語中的三十二相》，利用常人束手無策的殘篇斷簡，一一考明三十二相及其來源，確定了許多吐火羅語字詞的語義。同年，先生又寫出《説『出家』》，用語言學方法證明吐火羅語的『出家』（wastas lät/länt 或 ost (a) mem lät）是譯自漢語的『出家』，展現了『文化倒流』的歷史景象。一九九〇年，先生還發表了《梅呾利耶與彌勒》，發千古未發之覆，證明『彌勒』譯自吐火羅語。先生在吐火羅語研究方面的成就全面系統地呈現在《敦煌吐魯番吐火羅語研究導論》一書中。

至於先生在比較文學、民間文學、翻譯、散文創作方面的成就，更是有目共睹的，在此就不再介紹了。

先生還十分關心支援民間的文化活動與文化組織，與中國文化書院極其密切的關係就是最好的例證。必須著重指出，先生花費了巨大的心血、大量的時間，培養、保護、鼓勵、獎掖、提拔後

進，將學有專長的中青年學者組織團結起來，以學術研究的世界一流水平爲目標，潛心努力。先生的這項功德，使先生贏得了年輕人的衷心敬佩與愛戴，其已經顯現出來的力量在即將到來的二十一世紀必將更加彰顯。日本梵學泰斗、思想史專家中村元在爲先生散文日譯本所寫的序中感慨地提到，中國的南亞研究原來是相當落後的，可是最近幾年來，『突然』出現了一批中年專家，寫出了有水平的論著，讓日本學者有『攻其不備』之感，日本人覺得對中國的南亞研究要做出新的評價了。這裏面有先生多少的心血！而先生心血澆灌的又何止南亞研究這一個領域呢？敦煌吐魯番學、民族古文字學、中亞學、比較文學的蔚爲顯學就是答案，雖然只是一部分而已。

爲東方文化招魂

一向不輕易就宏觀理論問題發表意見的先生在近年來却發表了大量文章，明確闡述自己對東西文化關係和東方文化未來命運的看法，主要的觀點大致可以概括爲：『二十一世紀：東方文化的時代』、『西方不亮，東方亮』以及『三十年河東，三十年河西』。前面的兩條也是先生兩篇文章的題目。

與先生專門精深的學術論文相比，這一類的文章受到了遠爲廣泛的關注，得到了很大的反響；與先生那些非受過長期嚴格的學術訓練則難以置喙的論著相比，這一類的文章在廣受贊同的同時，也遭遇到很多不同的乃至於完全反對的意見。這些都是非常正常的。這些問題的切身性和開放性注定了它們必然是各種不同意見的交會點。先生與此有關的文章已收入《文集》，先生對東西文化交流、融合、排斥的歷史事實、東西文化的特點、彼此的長短優劣的比較通俗的論述俱見其中；除此之外，先生還編有《東西文化議論集》兩册（和他人合编），有關的各種意見大體皆備，讀者自可參看。

全面論述先生的觀點以及對反對意見加以討論，并非本文的目的，在此只想就先生的看法的後設層面略作闡述。

先生歷來反對各種形式的文化一元論，反對文化孤立生成發展的任何觀點；一向堅持文化多元論，强調不同文化之間的互動。先生也從來不認爲有哪種文化可以或者應該定於一尊，君臨天下。但是，每個時代，都有該時代的主流文化。面對現在毫無疑問占據著主流文化地位的西方文化暴露出來的種種問題，先生認爲西方文化已經或即將走到盡頭，現在已到了重新考慮東西文化關係的時候了。先生在《二十一世紀：東方文化的時代》中指出：『從人類的全部歷史來看，

我認爲東方文化和西方文化的關係是三十年河東，三十年河西。……到了二十一世紀，三十年河西的西方文化將逐步讓位於三十年河東的東方文化，人類文化的發展將進入一個新的時期。……西方資本主義的物質文明給人類帶來很大的福利，但另一方面也帶來災難，……這些災難中任何一個解決不了，人類就難以繼續生存。怎麽辦？人類到了今天，三十年河西要過，我們就像接力賽一樣，在西方文化的基礎上，接過這一棒，用東方文化的綜合思維方式解決這些問題，去除掉這些弊端。所謂綜合，就是整體觀念、普遍聯繫這八個字。……我的認爲是西方形而上學的分析已快走到盡頭，而東方的尋求整體的綜合必將取而代之。……「取代」不是「消滅」，而是在過去幾百年來西方文化所達到的水平的基礎上，用東方的整體著眼和普遍聯繫的綜合思維方式，以東方文化爲主導，吸收西方文化中的精華，把人類文化的發展推向一個更高的階段。』可見，先生的東方文化絶不是原教旨主義或復古主義，這是一種新的東方文化，是在東西文化互動過程中吸取了西方文化精華的東方文化；在未來的世紀中，這種東方文化是主導，而絶非唯我獨尊的排他性霸權；東方文化是『取代』西方文化成爲主流文化，而絶非『消滅』西方文化成爲唯一文化；更爲重要的是，這位畢生以爲東方文化招魂爲志業的學者不是沈醉在美妙的現實中復述已逝的歷史事實，而是在歷經滄桑後描繪自己心目中即將到臨的未來：

『二十一世紀，東方文化的時代。』

『必須有心的光明』

——王元化先生學術思想評述

左傾時代的革命青年

王元化先生，號清園，祖籍湖北江陵。一九二〇年十一月三〇日生於湖北武昌一個信仰基督教的知識份子家庭。父王芳荃先生，字維周（一八八〇—一九七五），少時家貧，由教會資助入上海聖約翰大學，爲該校首屆畢業生。一九〇六年，維周先生與桂月華結婚，并於是年東渡日本，在東京志誠學校教授英語。一九一一年，進清華留美學堂教授英語。兩年後，赴美留學，獲芝加哥大學教育學碩士學位。一九一五年，仍回清華任教，并任注册部主任。學生中有梁思成、聞一多、陳植等。維周先生畢生在教育界工作，先後任東北大學、北方交通大學教授。武昌起義，先生曾以教授之尊自願到戰地救治傷兵，獲代總統黎元洪的嘉獎。大革命期間也參加了反軍閥的進步活動。

清園先生受母親及母系親屬影響較深。先生母系親屬幾乎都是當時的新知識份子。外祖父桂美鵬先生，字搏九，是沙市聖公會首任中國會長，負責長江一帶的傳教工作。一八八五年，創建沙市第一所分班授課的新式學校，即美鵬學堂（現改爲新沙路小學）。搏九先生舊學湛深，同時又對西方存在著朦朧的向往，希望中國走西方富强之路。老先生雖然在先生出生前即已逝世，但是先生聽母親講述得最多的就是外祖父，因此留下了深刻的印象。外祖母江太夫人性情慈祥，在先生幼年時，經常帶先生聽戲，先生對京劇的愛好即植根於此。母親桂月華（一八八七—一九八六），年輕時曾從一位北歐傳教士學醫，後入上海聖瑪麗亞女校。通英語，對文學有濃厚興趣，記憶力極好，能背誦古代詩詞及清代閨閣詩人所作彈詞，經常吟唱彈詞哄先生入睡。國學也有根柢，常助維周先生潤色中文函牘。舅舅桂質庭、四姨桂質良，先後均以第一名考取清華留美學堂，赴美攻讀。這樣的情況恐怕是絕無僅有的了。桂質庭獲耶魯大學物理學博士學位，生前是武漢大學教授。桂質良獲約翰·霍普金斯大學醫學博士學位，後嫁聞一多堂哥一傳，在聖約翰大學教授醫學，同時自行開業。與清園先生最親近的三姨母桂德華也曾留學英國及歐洲其他地方，酷愛文學，後任聖約翰大學教授，講授外國文學。

先生未滿周歲即隨母親由武昌至北京和父親團聚，全家定居清華園南院，與王國維、趙元任、陳寅恪爲鄰。清華著名的四大建築均在二十年代落成，先生在清華園中度過了十分快樂的童年，

與趙元任先生女公子如蘭、熊秉明等相友善。羅家倫接管清華大學後，維周先生與羅牴牾，憤而辭職，轉赴東北大學任教。雖然全家在此時已經搬出清華園，先生卻仍然寄居在清華西院六姨母家，就讀於清華附小成志小學。一九二九年後離開清華，回城中父母家，入孔德小學、育英小學。五年級時患病在家休養，維周先生爲購石印本七十回《金批水滸傳》，係先生首次閱讀中國古典小説。一九四〇年，先生撰寫《金批〈水滸傳〉辯正》，當道源於此。一九三二年，先生讀初一，首次接觸魯迅作品《孔乙己》、《故鄉》。同年，全家爲避日寇難逃至湖北武昌華中大學舅父桂質庭先生家，遇見韋卓民先生，從韋先生讀《大學》、《中庸》。幾十年後，先生更與韋先生頻繁通信，討論黑格爾學説。一九八一年，先生撰《記韋卓民》，記此事甚詳。回北平後，先生在上學途中經常見到日寇在東交民巷練兵場附近耀武揚威，後竟荷槍實彈到領館區域外打靶，甚至開坦克上街。先生目睹祖國蒙難，心中播下了抗日救亡的種子。一九三五年，先生時僅十五，就參加了『一二·九』學生運動，并於次年加入共産黨的組織『民族解放先鋒隊』。讀育英中學高一時，受同學推舉主編校刊，在其上發表文章，談義大利侵犯埃塞俄比亞、日貨走私，因此和復興社學生以及他們所勾結的校方展開鬥爭。『七·七』事變發生後，全家逃離北平。先生眼病未愈，由家人扶掖上車，明明知道日寇要抓知識份子，許多人因此不敢帶鋼筆、書籍、甚至眼鏡等標明身份的物件，先生卻仍然冒著很大風險，偷偷將自己畫的魯迅像和兩册《海上述林》携帶上路。

輾轉到達上海後，先生參加了平津流亡同學會，承擔了聯繫文藝界的工作。不久，考入大夏大學經濟專業。至此，先生已經違背了父母的願望。維周先生一直逐月爲清園先生存錢，作爲他將來留學學習理工科的費用。先生卻走上了一條荊棘密布的危險道路。不過，在上海期間，家裏依然延請了周班侯先生教授先生英語，授以丁尼生、柯勒律治詩文；延請任銘善先生授國學，授《説文解字》、《莊子》、《世説新語》。任先生對先生影響甚大，先生寫文章之注重文氣就是受到任先生指點的緣故。同時，先生也開始了文藝創作，發表小説及文藝理論論文。同年，先生認識了一生榮辱與共、時在暨南大學攻讀英國文學的師母張可。師母出自蘇州名門，祖父張一鵬先生及伯祖父先生都曾任北洋政府要職。

一九三八年初，先生加入了中國共産黨，在隸屬江蘇省委的文委領導下工作。當時沙文漢爲省委宣傳部長，孫治方爲文委書記，顧准爲文委副書記。先生後來曾多次深情地説過，自己是在文委的哺育培養下成長起來的。的確，孫治方、顧准與先生精神上的淵源是顯而易見的。同年，

先生發表了《論抗戰文藝的新啓蒙意義》。這篇文章似乎尚未受到研究先生學術思想的學者的注意。文章認爲新啓蒙『并非五四啓蒙運動的簡單再現』，它的中心内容爲『一、民主的愛國主義，二、反獨裁的自由主義』，并且指出新啓蒙運動之所以提出『理性這口號』，『實是它必須抑制無謂的感情衝動，反對任何籠統的幻想，才能達到認識現實的道路』。據先生五十年後撰寫的《論傳統與反傳統——爲『五四』精神一辯》，新啓蒙是一些進步理論工作者在抗戰爆發前夕，國家存亡關頭提出來的，『可是後來得到通知不要再用「新啓蒙」口號，這次出現不久的啓蒙運動也就夭折了』。但是，這三個字在半個世紀後的一九八八年再次成爲先生主編的，影響極大謗亦隨之的雜志的名稱，絕對不是一種巧合，是符合先生思想發展的脉絡的。一九三九年，先生隨團赴皖南慰問新四軍。回上海後，調至文學黨小組，在孤島期間開展的文藝通訊運動中負責組織工作。同年三月，編輯出版了《抗戰文藝論集》。十月，發表長文《魯迅與尼采》，戴平萬指出了此文的不足，但是仍給予了很高的評價：作者『還是一位二十歲左右的青年，他以這樣的年齡，而能有這麼嚴正的精神來治學，真是可敬』。稱作者對魯迅思想的分析『非常正確』。一九四〇年，先生發表了長文《現實主義論》和《金批〈水滸傳〉辯正》。後者經修訂收入《清園論學集》，是先生自己比較滿意的一篇文字。文章解釋了金聖嘆憎惡水泊梁山，却又大捧特捧《水滸傳》這一矛盾，指出金的真意乃是『如此書，吾即欲禁汝不見，亦豈可得？今知不可相禁，而反出其舊所批釋，脱然授之於手也』。金聖嘆所采取的辦法有兩個：一，『把這本有生命有内容的書籍，縮小在文法的範圍裏』；二，『誣蔑宋江來替朝廷辯護』。文章固然帶有相當濃厚的特定環境下的時代政治色彩，但是，思考角度的新穎獨特、推演論證的嚴密細緻、文筆風格的老練犀利，都是讓人心折的，而當時先生還是一位未滿二十足歲的青年。尤其值得注意的是，文章首次明確表達了先生畢生堅持的兩個重要意見，一是强烈反對『造謠中傷，曲筆構陷』，金聖嘆這麼做，自然引起先生『很大的反感』；二是反對『流氓習氣』，因而在承認李逵『誠然可愛』的同時，批評他『亂掄板斧，不分官民排頭砍去』的蠻幹行爲，以爲『這種粗魯角色是很容易上當和被利用的』。先生一貫反對『流民文化』，可謂淵源有自。也就是在這一年，先生的文藝思想開始了比較重大的變化，在讀了《海上述林》介紹恩格斯關於現實主義的理論後，認識到了藏原惟人從蘇聯拉普派傳來的所謂社會價值與藝術價值二元論的偏頗。這種説法來源於對普列漢諾夫藝術作品中含有『社會等價物』的觀點的闡釋和發揮，先生在四十年後的一九八〇年撰文表示了自己的懷疑，即這種理論『可能

是從馬克思《資本論》關於商品價值與使用價值二重性這種觀點套用出來的』。先生之反對所謂真實性强傾向性差的説法，應該溯源於此。

一九四一年三月起，先生負責《奔流》文藝叢刊，并在第五輯上用筆名『佐思』發表了《民族的健康與文學的病態》，針對的是『和平文學』和『抗建文學』，遭到頑固派的圍剿，刊物也被没收。叢刊後改名《奔流新集》，成爲上海孤島時期最後一個公開的進步文學刊物。當時先生還負責聯繫包天笑等禮拜六派作家。十一月八日太平洋戰爭的爆發標志著孤島時期的結束，日寇佔領了租界，環境更加險惡了。先生在《我所認識的紉秋》中回憶當時的情況：『上海頓時陷入黑暗之中……抗日活動轉入地下，我們只在自己的範圍内活動，座談會取消了，刊物不辦了，不是工作需要的來往切斷了，犯忌的書籍自行焚毁了。我們必須遵守地下工作的原則，甚至必須犧牲自己的愛好和讀書的興趣。……我們充分嘗到在敵人刺刀下喪失家國之苦。』此後，先生化名王少華，在上海儲能中學教授國文和文學概論，引導學生閲讀魯迅作品，并自編教材，以《揚州十日》、《指南録》等教諸生，深受諸生愛戴。一九四二年十月，中央指示地下黨江蘇省委全部撤往華中根據地，原屬各委獨立工作，經由交通與根據地上級組織聯繫，年僅二十二歲的先生一度負責文委工作。毛澤東《在延安文藝座談會上的講話》發表後，先生在黨内學習會上發言，表示不同意政治標準第一、藝術標準第二的提法。這個意見是和先生一九四〇年文藝思想的轉變，懷疑社會價值和藝術價值二元論一脉相承的，也是先生一貫堅持獨立思想的反映。一九四三年冬，先生創作了《舅爺爺》，意在『唤發起那些陷在生活泥沼裏的人們對於人性美的嚮往』。小説在抗戰後才正式發表，得到廣泛注意和好評，師陀主持的蘇聯電臺文藝節目中也播送了。先生曾經一度想放棄理論，專門從事創作。但是，先生的氣質在本質上是思想家的氣質，因此，這種想法自然也就被先生摒棄了。一九四五年，先生創作了小説《花圈》、《殘廢人手記》。這些小説的創作意圖，先生在一九八三年出版的《脚踪》的『序』中有所回憶：『敵人的凶殘決不僅僅止於對志士仁人所施行的殺戮和嚴刑拷打，而且還用無形的罪惡黑手把這個城市污染。畸形的生活在每個家庭中掀起風波，撒下不和的種子，使本來應該彼此伸出援手的親人，在難以忍耐的生活折磨下爲一些瑣事發生爭吵，互相仇恨，互相傷害。敵人在毒化生活，他們摧殘人性，而這些獸行却是受害者所難以覺察的。在我的一生中，我不能忘懷這段苦難的歷程。』抗戰勝利後，先生和滿濤（原名張逸侯，師母之兄）在《時代日報》編輯《熱風》周刊。停刊後，又與樓適夷、滿濤在《聯合晚報》

合編文學周刊《奔流》。十一月，聽到羅曼·羅蘭逝世的消息，撰寫了《關於羅曼·羅蘭》，後以《關於〈約翰·克利斯多夫〉》爲題置於《談談十九世紀外國幾位文學家》下，收入《清園論學集》。《清園論學集》所收一九四九年以前的文字僅四篇，這是其中之一。文章是贊美羅曼·羅蘭的，但同時也可以看作先生的言志文。作爲一個生活在危險之中的地下工作者，先生寫道：『他行動之前并没有預先看到了成功的希望，像投機家有了成功的保障之後再來動手。他不是爲了成功，而是爲了信仰才去戰鬥。』先生在孤島時期開始的，在上海淪陷後進一步加深的思考，已經使先生内心産生了衝破一切束縛的渴望，先生寫道：『一個偉大的心靈就會被這種抽象的封條封閉嗎？』先生後來歷經劫難矢志追求的另一種現實的理想在這篇紀念羅曼·羅蘭的文章裏已不再僅僅是萌芽了：『羅蘭像一個音樂家，不是要創造「物質世界」領域中的現實，而是要創造「精神世界」領域中的現實。』這篇短文在先生的思想歷程上佔有相當重要的地位。在此，還應該提到，先生關於羅曼·羅蘭的文字在海外也找到了真正的知音。日本著名學者相浦杲教授在一九八二年親自將此篇和先生一九五〇年所寫的《重讀〈約翰·克利斯多夫〉》翻譯成日文。相浦教授在《有關羅曼·羅蘭的一些事》中寫道：『時間雖已久遠，其中的見解却精闢如故，使

人對作者關於羅曼·羅蘭研究的識見深爲欽佩。……我對王元化先生——這位雖是僅長我六歲的兄長，却是傑出的古典文學家——這樣的知識份子，懷有深厚的感情和友誼。』

先生在此後的日子裏，仍然主要以受黨的委派編輯刊物爲主。一九四六年四月，先生任《聯合晚報》副刊《夕拾》主編，撰寫了一百五十餘篇《古史新論》。由於在法院審理臧大咬子案時，通譯官許少勇威脅證人，先生撰《談醜》加以抨擊，被許控告；加上時局日緊，乃離滬北上。至一九四八年暑假，先生在國立北平鐵道管理學院（今北方交大）教授大一、大二基礎國文，選《文心雕龍》爲教材，曾向父執輩汪公嚴先生問學。汪先生是廣雅書院高材生，朱一新門下高弟，《無邪堂答問》有一卷即是回答汪先生提問的。汪先生曾入張之洞幕，助撰《勸學篇》。清末曾在新式學校中教授自然科學課程，并曾一度在東北任溥儀的化學教師。汪先生國學功底深厚，長於藝事，精繪畫，作清華校歌歌詞，對先生的《文心雕龍》研究多有指點。《清園論學集》卷首所引詩『學不幹時身更貴，書期供用老彌勤』即汪先生所作。先生《文心雕龍創作論》的某些觀點最早即萌生於這一時期的授課中。在大學教書的同時，先生仍然撰寫了大量文字，并被當時的文委負責人認爲是《橫眉小輯》的發起者，而據説其中對文藝界現象的批評違反了黨的政策，刊物被勒令停

辦，先生遭到無理批評。一九四七年，先生的第一本論文集《文藝漫談》由上海通惠印書館出版，所收論文截至一九四五年，書名及筆名『何典』都由書店代擬。先生自己對本書的評論是：『這些文字多半是抄襲蘇聯的理論模式，很少有自己的看法和感受，我從這種模仿中掙扎出來，已是孤島時期結束以後。』

次年三月，先生與師母按基督教儀式在上海慕爾堂舉行婚禮，從此開始了備受學林尊敬的相濡以沫的生活。秋，國民黨敗局已定，白色恐怖更爲嚴重，先生被召回上海，先在誠明文學院任教一學期，後被派往黄炎培任社長的《展望》雜志社任主編。《展望》不久被查封，一九四九年三四月之交，先生被派負責編輯《地下文萃》。這是一項危險異常的工作，以前幾期《文萃》都被國民黨破獲，編輯人員遭到殺害，在一九四九年上海這個已經失序的恐怖世界，承擔這種工作無疑需要巨大的勇氣，隨時都可能被殺害，看不到即將來臨的勝利。幸好上海不久就解放了。

一九四九年，先生年僅二十九歲，在此前的歲月裏，先生一直是堅定地投身於極其危險的地下工作，爲理想而不惜犧牲的革命青年。文學創作、文藝評論都是先生針對舊世界的批判的武器。毋庸諱言，正如先生後來經常反思的那樣，這個時期的作品的確在一定程度上帶有模仿蘇聯的痕

跡，有遵命文學的跡象。但是，如果和當時的同類文字相比，這些痕跡和跡象都是相對比較淺淡的。原因是，先生從小被熏染的基督教傳統，在先生的思想裏早已種下了愛世人、寬容、追求理想、渴望人性美的種子，雖然從小禱告的先生最終選擇了共産主義而非基督教信仰，但是，選擇并不能折斷基督教對自己不絶如縷的影響。除此之外，先生受十九世紀優秀的西方文學的影響也是顯而易見的，先生時常引用的『太陽的光明是不够的，必須有心的光明』，其中透露的資訊是頗堪尋味的。同樣重要的是，有著强烈西方文化背景的上層知識份子家庭不僅没有切斷，反而有意識地按類似私塾的傳統方式培養加深先生對國學的感情與理解，使得先生没有像其他絶大多數的『五四的兒子』一樣，對傳統持簡單的排斥乃至摒棄的態度，而是涵咏其中領略精髓，因此，先生身上也帶有傳統賢士大夫超邁流俗卓然不群的傲岸風骨的烙印。總之，出於衆多因素的影響，先生的思想資源絶非是一元或簡單的二元的，比起同時代的人來要豐富得多。這從根本上決定了先生思想的獨立性，在運用批判的武器的同時，必然會進行武器的批判。

身辱志不降，吹盡狂沙始到金

一九四九年後，先生負責《時代》雜志的編輯工作，同時經郭紹虞先生推薦在復旦大學任教，

撰寫評論文章也一直没有停頓。一九五一年，先生被調至華東局宣傳部文藝處，不久，又調當時規模相當大的新文藝出版社任總編輯、副社長，同時任出版局和上海作家協會黨組成員。先生在《舒同書法集書後》中，回憶了在『三反五反運動』中的經歷：『平時説説笑笑的同志，突然全都綳緊了臉。開會時空氣頓時緊張起來，我感到很不習慣。一次會上大家説完，輪到我去批評那位我并不認爲有問題的懷疑對象，我實在説不出，但又不能不説，而要説又不知説什麽，既緊張又惶恐，憋了半天，哇一聲哭了出來。一位同情我的同志批評我受到十九世紀西方資産階級文學影響太深，劃不清人道主義思想界限，總算結束了這種窘困局面。』先生已然意識到，今後『恐怕就不可能這樣輕鬆過關了』。但是，先生依然無法改變自己寬厚的天性，對一些所謂有問題、有些還是有相當嚴重問題的人，時常情不自禁地伸出援助之手。已經有很多像鯤西先生《還書記》這樣的文章記述了這些事情。

署名方典的《向著真實》由新文藝出版社於一九五二年出版，不久就印行了三版，一九五五年被禁。先生後來在文章中説：『我完全没有料到在以後歷次文藝思想批判的政治運動中，寫真實竟會成爲最受攻擊的目標之一，經歷厄難。』一九五四年底，先生又被調至夏衍任書記的上海文藝工作委員會擔任文學處處長。幾乎與此同時，株連極廣的『反胡風運動』開始了。先生在一九四五年就已經認識了胡風，但是交往不多。當時地下党文委的一位負責人説胡風有嚴重政治問題，先生表示缺乏證據，并因此在解放初未被安排工作。先生在籌建新文藝出版社時又舉薦了張中曉，後又出版了兩本胡風的書，新文藝出版社就被認爲是胡風的老窩了。一九五五年四月底，張春橋接替調京的夏衍，出任文委書記并成爲『反胡風專案組』成員，立即將先生隔離，自同年六月至一九五七年二月下旬，先後幽禁在兩個地方。家人也全然不知先生身在何處。據彭柏山夫人朱微明《柏山和胡風及胡風事件》記載：『因爲元化堅決不承認胡風是反革命，張春橋對他百般折磨。』李子雲在《良知的痛苦，艱難的掙扎——周揚同志印象》中説：『曾聽説周揚同志提出王元化同志是黨内少數的對馬克思主義文藝理論造詣較深的學者之一，如果他肯承認公布的關於胡風集團的三批材料屬於反革命性質，儘量將他作爲人民内部矛盾處理。王元化同志仍然堅決拒絶，結果戴上了「胡風反革命份子」的帽子。』先生雖然在當時尚未也不可能從學術角度對意圖倫理做出後來的批判，但是，先生反對因態度立場問題對人物、事件定性的態度是一貫的。直到一九五七年初的隔離時期，先生還堅持自己的這個觀點，對組織上派來和他談話的人講，

不能因爲胡風與周揚文藝觀點不同即將胡風打成反革命，還爲張中曉辯護，説他是一個純樸的青年。結果當然受到嚴厲呵斥，被指爲對抗組織審查。不是過來人是很難體會這種苦難的。先生以後在《序無夢樓隨筆》中沈重地寫道：『在隔離審查中，由於要交待問題，我不停地反復思考，平時我漫不經心以爲無足輕重的一些事，在一再追究下都變成重大關節，連我自己都覺得是説不清的問題了。無論在價值觀念或倫理觀念方面，我都需要重新去認識，有一些更需要完全翻轉過來，才能經受住這場逼我而來的考驗。我充滿各種矛盾的思慮，孰是孰非？何去何從？在這場靈魂的拷問下，我的内心發生了大震蕩。過去長期養成被我信奉爲美好以至神聖的東西，轉瞬之間轟毁了。我感到恐懼，整個心靈爲之震顫不已。我好像被拋棄在無際的荒野中，感到惶惶無主。這是我一生所遇到的最可怕的時候。至今每一念及，猶有餘悸。』先生爲此患上了心因性精神病。經濟來源也幾乎斷絶，先生只能爲出版社翻譯書稿。不久，所謂的三年自然災害也發生了，先生還患上了肝炎。在如此艱困的條件下，先生與父親維周先生一起翻譯了《太平天國革命親歷記》。這是一本很難讀的書，難度極高，但是，譯本的翻譯質量之高是罕見的。只要舉一個例子就足夠了。此書有很多從方言而來的地名音譯，要將它們復原爲漢語遠非一件輕鬆的工作。其中有一個地名，先生斷爲『蘆墟』，而太平天國史專家羅爾綱先生認爲應作『甪直』，後來證明還是先生所斷爲確。一九五九年底，先生被定爲『胡風反革命份子』，開除黨籍，行政降六級。隨後被安置在作協文研所。

在以後的歲月裏，先生所遭受的折磨是無法用語言描述的。文革開始，先生自然在劫難逃，被打成歷史、現行反革命。一九七〇年至一九七二年，再次被隔離審查，心因性精神病再次發作，少年時的眼病復發，某天早上醒來，右眼完全看不見了，幸好都在不太長的時間内治愈。絶大多數原來的朋友當然是不再往來了，肉體上、物質上的折磨伴隨著精神上的孤寂，壓迫著先生。先生所作七律《送柏山上路》有句云：『豪情都作斷腸夢，歲月漸催鬢髮斑。心事茫茫誰堪訴，問君更得幾時還？』實在是先生心情的最好寫照。

但是，公道和正義感并没有在人心中死絶。好幾位著名學者，如韋卓民、熊十力、郭紹虞、朱維基先生依然盡可能地幫助先生。值得注意的是，這幾位先生正好分别對應於先生自己致力最深的幾個領域，分别是：韋卓民之與黑格爾研究，熊十力之與佛學研究（主要反映在《文心雕龍》研究中），郭紹虞之與古代文論及《文心雕龍》研究，朱維基之與莎士比亞譯介。先生也就在連生

存和存在都幾乎成爲問題的環境下，以常人難以想象的堅韌意志，在根本不知道自己嘔心瀝血的研究成果是否還有出版問世的一天的情況下，沈潛往復，從容含玩，埋頭於思想與學術、思辨與反思的海洋裏。事實上，這些文字的發表也都在十年以後了。還是讓我們引用先生曾經引用過的羅曼・羅蘭在《約翰・克利斯多夫》裏的話吧：『他的目的不是成功，是信仰！』

需要指出的是，依照現代學術的分類理論，這些領域可以説都相隔甚遠，大概不會有哪位學者彼此兼顧。然而，先生這麽做了，因爲他已經超越了世俗的計算，因爲他不僅是一位學者，而更是一位信仰者。儘管這些領域在先生的思想學術旅程中絶不是孤立分離，而是互相關涉、互相交融的，我們在評述時却只能無奈地略作區分了。

先生被安置到文研所後，應一些青年之邀，給他們講授《文心雕龍》，從而開始了《文心雕龍》的研究。一九七九年出版的《文心雕龍創作論》是一部在體例上略仿閻百詩《尚書古文疏證》的專著，不過，其主要部分均在文革中完成。這是部開創性的、有典範意義的著作，奠定了先生在學術史上的地位，出版後引起了極大反響，其範圍絶不局限於文學理論界。創獲之多之大，都不是本文可以全面論述的。我們只能就先生採用的研究方法，在書中選取幾個首發之覆，略加評述。

其實，先生在一九六四年撰寫的《〈文心雕龍〉創作論八説釋義小引》中已經作了自我説明：『《釋義》是掌握了清理和批判的原則對《文心雕龍》創作論進行剖析的。不過在論述方面，《釋義》的正文和附録各有其不同的重點。正文側重於清理，因爲正文的任務是按照劉勰理論的本來面目忠實地揭示它的原有意藴，這樣就不宜在這個重點之外，另生枝節干擾闡述的主要綫索，分散讀者的注意。所以《釋義》就把批判劃歸附録，作爲附録的重點之一。自然就研究方面來説，清理和批判不能截然分割。只有經過了批判才能真正清理出劉勰理論的原來面目，同時也只有真正辨清了劉勰理論的原來面目之後，對它的批判才是中肯的、實事求是的。但是，在表述研究的成果時，仍不妨使正文和附録各有側重的一面。不過，我們應該把正文所側重的清理，理解作經過了批判的清理，把附録所側重的批判，理解作經過了清理的批判。』

這段話固然是夫子自道，却是因了老輩學者固有的謙遜態度，并没有完全説明先生所使用方法的精義。先生的清理、批判互爲表裏的研究方法不僅應用在劉勰的思想上，也用於探究作爲他山之石加以借鑒的西方理論。這一點在此也只能簡單地談一下。先生曾多次引用馬克思《政治經濟學批判導言》裏的一段話，來表明自己對於將古今中外結合起來的看法：『人體解剖對猴體

解剖是一把鑰匙。低等動物身上表露的高等動物的徵兆，反而只有在高等動物本身已被認識之後才能理解。因此，資産階級經濟爲古代經濟提供了鑰匙。』先生由此想到，『對於萌芽形態尚未成熟的文學現象，只有用後來已經成熟的發達形式的文學現象才能加以説明』。當然，這絶對不是説先生認爲《文心雕龍》是『低等』的，恰恰相反，先生認爲同時代的西方尚無堪與比肩的作品，很好地説明了先生之所以贊同季羨林先生『一定能把中國文藝理論的許多術語用明確的科學語言表達出來』的意見的理由。以這樣的態度來治學，才有可能從根本上杜絶借鑒流於借用、比較流於比附的病態現象。將中國文藝理論術語，特别是其『尚未獲得充分發展的萌芽胚胎』，予以明確的界定和説明，不僅是研究手段，也是研究目的本身。先生對西方的有關理論同樣採取了清理批判的態度，選擇翻譯了《文學風格論》和莎士比亞研究評論文字，鑽研了黑格爾的美學理論，等等，這一切確保了先生名之爲『綜合研究法』的可能和成功。

此書問世後，與錢鍾書先生的《管錐編》、《談藝録》、《七綴集》以及季羨林先生的《中印文化關係史論集》等同獲首屆（一九七九—一九八九）比較文學圖書榮譽獎（最高獎），充分説明學術界對先生『綜合研究法』的高度評價。程千帆教授在《原學》第三輯發表的談話中談到，近代章太炎、王國維、陳寅恪至當代朱光潛、王元化等之所以能在學術上有新的突破，在於將傳統文化與外來文化中真正有價值的東西結合起來，這不是生搬硬套，而是融解與滲透。又説：『王元化講我國古代文論中的風格，比别人講得都好，這是由於他對德國古典美學體會深。不是硬用黑格爾套劉彦和，或者反過來。』無獨有偶，袁行霈教授回憶，在全國文學學科規劃中，王瑶先生生前曾有一個重點選題，就是要把中國現代最有成就的十五位古典文學研究者的成果分别進行總結，按照時間序列，其中打頭的是王國維，結尾就是王元化。同樣要注意的是，在先生的理解批判中也吸收了中國傳統學術的優秀方法，如考據。在此僅舉一例。關於劉勰的身世問題，過去一般認爲劉勰出身士族，先生則不同意這種説法，在一九六一年寫成《劉勰身世與士庶區别問題》，利用了大量的材料，從士族身份的規定、劉氏世系、劉勰本人的生平事蹟、《文心雕龍》反映出來的思想觀點等角度，如剥笋般層層推演，考明劉勰并非出身士族，而是出身於家道中落的貧寒庶族。在没有鐵證的情况下，先生寧願闕疑，比如劉勰家族與天師道的關係問題，先生也注意到劉勰祖先頗有以『之』爲名者（季羨林先生也指出了這一點），當然更不會不知道陳寅恪先生的著名論斷，不過，具體到劉勰家族，先生并未驟下決斷。

先生在一九九六年爲百花洲文藝出版社出版的當年讀黑格爾筆記的影印排印合璧本所寫的序《讀黑格爾的思想歷程》裏回憶了從接觸到喜愛到鑽研黑格爾著作的經過。先生在五十年代被審查時開始接觸黑格爾，最先閱讀的是《小邏輯》，後來旁及所有黑格爾著作的中譯本，除了《小邏輯》以外，《美學》、《哲學史講演録》都是先生反復讀過很多遍的，并且作了幾十册的詳細筆記。韋卓民先生因此稱先生之讀黑格爾爲『韋編三絶』。據先生自己講，他起初是『一個從來不習慣於思辨思維的人』，但是在克服許多困難，讀通了之後，先生成爲黑格爾的景仰者，領略了黑格爾哲學『無堅不摧掃除一切迷妄的思想力量』。先生從此『沈潛於思辨的海洋，不再像過去那樣迷戀於令人心醉的激情世界了』。在相當長的一段時間裏，先生唯讀那些難懂的書，有意識地向自己發出挑戰。結果是，先生『深深服膺德國古典哲學自康德以來所倡導的批判精神。這裏說的批判精神，就是對過去各個哲學範疇重新衡量與估價，也就是對那些未經過追究的範疇進行考核，探討這些範疇在什麽限度内具有價值與效用。批判是不接受未經考察過的前提的。它具有反對盲從、反對迷信、提倡獨立思考的意義』。批判也被先生應用在黑格爾哲學本身。經過以獨立思考爲原則的批判，黑格爾哲學不再僅僅是批判的武器了，而且也成爲先生進行武器的批判的

利器。先生有關黑格爾哲學的心得是相當多的，可貴的是，雖然先生也和韋卓民先生保持著密切的、高質量的有關黑格爾的通信，但是，這些心得主要還是先生沈潛自造而得的。先生無法利用德文原著，如果不是經過冷暖自知的苦讀與思考，是不可能對名家的譯文提出精當的批評的，認爲『情志』比朱光潛先生所用的『情致』更爲恰當就是顯例。在此，只能簡述一下先生的幾個主要心得。這些心得化爲鉛字發表當然都是之後很久的事情了。

首先是知性問題。知性的分析方法至今還有一定的市場。先生認爲，康德以來的德國古典哲學將知性看作認識的一種性能和一個環節是完全必要的，有助於糾正將認識分爲感性和理性的二分法。按照這種二分法，很可能將知性和理性混淆起來。知性具有形而上學性質，并不可能達到對事務全面的、本質的和内在聯繫的認識。知性也不能認識美。先生在隔離結束回家後，利用這個心得解決了馬克思《政治經濟學批判導言》中所提出的『由抽象上升到具體』的多年來聚訟紛紜的難題。先生不滿意用《資本論》第二版跋中的『說明方法』和『敘述方法』來加以解釋，認爲馬克思也是運用了感性—知性—理性三段式的。馬克思所說的『分析的理智所作的一些簡單的規定』就是指知性而言的。先生在後來運用這個理論，批評了所謂的『抓要害』以及攻其一

點不計其餘的惡劣作風。下面還會談到，這個觀點還惹起過一場風波。

其次是關於《小邏輯》提出的普遍性、特殊性、個體性的三範疇論。先生發現黑格爾在《理想的定性》中使用它闡述了理念經過自我發展過程而形成具體的藝術作品，先生并進一步認爲美學中的情况相當於邏輯學總念論三範疇論中的普遍性，情境相當於特殊性，情節相當於個體性。先生還曾經對黑格爾關於『抽象的普遍性』和『總念的普遍性』的劃分相當欽佩，不過，近年來已放棄此説。先生認爲，知性的普遍性固然不可取，但以爲總念的普遍性可以將特殊性和個體性一舉包括在自身之内，却是一種空想，在邏輯上雖有可能，事實上却無法做到。這樣的思想會給人類帶來災難。先生後來還將這一意見用於對盧梭公意説的批判。

複次是黑格爾《美學》中的情志説。情志既不是具有低劣意味的情欲，也非經過深思熟慮的理智所形成的思想，而是盤踞心頭不招即來的一種意志力量。它既非思想又非感情，同時却又兼具兩者的某些性質，先生認爲，這就可以將藝術品中表現思想感情的問題置於更深入合理的地位上加以解決。諸如此類的心得在先生的黑格爾研究中尚有不少。

當然，在九十年代先生開始的反思中，有些觀點已經被先生自己捨棄了。除了前面提到的兩種普遍性外，比較重要的是邏輯和歷史的一致性問題。先生最近已不贊同兩者一致的説法，而是認爲，從歷史的發展中固然可以推考出某些邏輯性規律，但它們是近似的，不完全的。歷史和邏輯并不一致，後者絶不能代替前者。因此，先生指出，應當强調法律上的證據，而不能根據邏輯推理和自由心證。

在這段困厄的日子裏，先生還和師母一起，共同翻譯了幾十萬字的西方莎劇評論。心靈的經歷與體驗和研讀黑格爾頗有相近之處，先生也經過了從不喜好到爲之入迷的過程。這裏面當然有學術研究的成分與追求，不過，更主要的恐怕是在當時的環境下對探求人性的渴望。有心人自可參看先生的《讀莎劇時期的回顧》。

先生的平反要晚至一九七九年。從七十年代下半葉開始，先生的研究興趣明顯轉向了思想史研究。一九七六、一九七七年，分别撰寫了長篇論文《韓非論稿》和《龔自珍思想筆談》，其意均在批駁評法批儒鬧劇中的謬論邪説，以真正的學術文章傲視兼藐視鋪天蓋地的大批判文字。

《韓非論稿》旨在探究所謂『集法家大成』的韓非思想。先生指出，韓非的學説融會了法、術、勢三個方面，與早期法家一斷於法明顯不同。韓非學説中出於中心地位的是術，在立論上也是如

此，論者在評價韓非時模糊了法和術的界限。韓非主張的根本就不是法治精神，而是君權至上，而且還是愚民政策的倡導者，只能説比起早期法家來是後退了。先生在文中直截了當地反對將乾隆歸入法家，認爲乾隆倒可歸爲韓非一流。先生完全知道主張將乾隆歸爲法家的是何許人也。先生又一次運用黑格爾作爲武器，指出韓非的君主本位主義理論的哲學基礎，就是如黑格爾説的使『個體停止其爲主體』，即用共性湮没個性，用同一性取消特殊性的那種本體論。先生還揭示了，韓非的治道就是利用人的自私自利的惡劣情欲，同時必然就會滿眼敵情人人可疑。并且，韓非濫用了只有在一定限度内才是合理的不可兩立的矛盾律，將之擴大到本來是辯證統一的關係上。這篇文章的寫作時在『四人幫』垮臺前夕，這是需要鉅大的追求真理的勇氣的。

寫作《龔自珍思想筆談》時，先生仍尚未平反。先生將龔自珍的文學主張概括爲《識某大令集尾》裏的『達』、『誠』、『情』三字，闡述了它們的新意所在，并著重指出具有根本性意義的『情』近似於費希特的『自我意識』，其内涵乃是反唯理主義的個性解放。先生一反舊説，認爲龔自珍的經世致用之文和他的批判性寓言之間存在著相當大的矛盾，指出對前者不能評價過高，相反，後者却有恒久的價值。先生還以《龔自珍全集》無一字提及申韓之法，連申韓之名也僅一見爲證，批駁了將龔自珍歸爲法家的無稽之談。

千淘萬漉，堂堂溪水出前村

先生在一九七九年十一月九日歷經二十三年的冤案平反前，已到大百科上海分社負責文學卷編務，平反後任中國大百科出版社上海分社領導小組成員，《中國文學卷》分編委副主任。一九八一年，被聘爲國務院學位委員會評議組成員，後再連任一屆。一九八二年，當選中共十二大代表。一九八三年，出任中共上海市委宣傳部長。一九八五年五月，不再擔任宣傳部長。

從部長位置上退下來以後，先生不再參與任何實際工作運作，杜絶一切請託推薦之事，全身心地投入到自己畢生喜愛的事業——學術研究之中。獨立的思想、自由的意志是先生矢志不移堅持的，先生有戲言曰：『我既不參加合作社，也不加入互助組，我是單幹户。』雖然如此，先生還是爲華東師大中文系培養了好幾位博士，主編了多套有影響的學術刊物叢書，參加和主持了國内外的學術會議。當然，這些繁忙的學術活動與組織工作絶不會使先生停止筆耕。一九七九年至一九九九年這二十年間，先生的學術事業達到了一個新的前所未有的高潮，而且和以前從事地下工作和身受迫害時期相比，都有相當詳細的記録。下面，我們只能以大致編年的方式予以依然只

能是簡單的評述。

在整理發表劫後幸存的累積了二十餘年的舊稿之外，先生不斷有新的力作問世，很多意見都受到學術思想界的高度重視。在一九八〇年發表的《和新形式探索者對話》中，先生指出，面對滾滾而來泥沙俱下的西潮，『如果有人主張重襲前清頑固派保存國粹的那種對策，或者採取義和團扒鐵路、砍電綫杆的那套蠻幹辦法，我是堅決反對的。』《中國大百科全書中國文學卷》以及《中國新文學大系》（一九七六—一九八二）理論二集都對此文評價很高，認爲『對於其他一切傳統和新生形式的借鑒，這都是十分中肯的告誡。』魯迅是先生從青年時代起就十分崇敬的作家，也從未停止過對其思想的探究。一九八〇年，先生爲魯迅百年誕辰寫作了《關於魯迅研究的若干設想》，提出要開闊思路，『如果只根據魯迅本人的文章來品評，明於此而昧於彼，那就會使他的許多針對性的觀點難以索解』。因此，在魯迅研究上也應倡導綜合研究法。文中還指出，魯迅和進化論的關係以及所謂從進化論到階級論的路程，都還有待於進一步的深入討論。不知有沒有人注意到，雖然表面上看談的只是魯迅和章太炎的關係問題，但是，先生正是在此文中對中國思想史研究的狀況表示了明確的不滿：『目前在思想史方面我們還很缺乏具有卓見的文章。』同年十二月撰就的《模仿·作風·風格》是譯著《文學風格論》的跋。文章指出，長期以來的風格理論是非常貧乏的，先生著重闡釋了作家的創造個性和文學體裁本身的要求，進而提出『倘使我們整理并借鑒我國古代文論和外國文論中的風格理論，放開眼界，使思想活躍起來，是可以突破今天在文學風格論的探討上所形成的僵滯狀態的』。此文之出，開以後風格論研究的風氣，周振甫先生的《文章風格學》、詹鍈先生的《文心雕龍的風格學》等都受到影響。一九八四年四月，先生在全國高校文藝理論研究會第四次年會上作了題爲《文藝理論體系問題》的發言，針對當時已經開始出現的某些不良學風，對『批判』作了説明：『絕不能理解爲大批判式的批判，而是指對於概念進行清理，沙汰其中模糊不清的雜質，使之通體透明、清晰、準確。』對那些意在求勝的所謂商榷文章和企圖作驚聽回視之論的所謂翻案文章進行了批評。這也是先生就學風發表的較早的意見。

先生在這個時期仍然有被莫名其妙地捲入政治風波之中的經歷。一九八三年初，先生去天津迎賓館與王若水、顧驤共同襄助周揚起草紀念馬克思逝世一百周年講話稿《關於馬克思主義的幾個理論問題的探討》，由先生統稿。周揚堅持將先生已經發表的關於知性問題的意見寫入文章，以表示自己的贊同。文章發表了，遭到某位『理論權威』的不滿，竟由此引發了一場『反精神

污染』運動。先生當時作爲宣傳部長，向上海市委提出不重復過去運動的方式，不搞人人表態，更不要去剪披肩髮。這些意見得到汪道涵、陳國棟先生的支持。先生還取消了《解放日報》已經排好了的兩版表態文字。中紀委專門派員調查先生。不久，上海市委成立了以夏征農爲組長、陳其五和先生爲副組長的思想工作領導小組。同年，先生在《文心雕龍創作論第二版跋》中對『有人提出一種新觀點或論據，於是群起襲用，既不注明出自何人何書，以没其首創之功，甚至剽用之後反對其一二細節加以挑剔吹求，以抑人揚己』的惡劣學風，痛加抨擊，認爲『必須痛加懲創，杜絶流傳』。强調『我們應該對古往今來提出任何一種新見解的理論家，都在正文和注脚中一絲不苟地予以注明』。先生是親受其害的，先生的著作廣被承認後，抄襲者蜂起，有人隨意統計就不下五十次。一九八四年十一月，經先生倡議，復旦大學主辦了中日學者《文心雕龍》研討會。先生在講話中對思想史研究必須注意的問題發表了重要看法：『當我們研究一位思想家的思想時，應該劃清下面幾個界綫：一、不能用語彙對比來判斷一位作家是屬於哪一個思想體系，這是一種非常簡單化、庸俗化的辦法。一個思想家在引用其他思想家的文字時，我們應注意有這種差異：一種是舍本意的引證，另一種是用本意的引證。這兩種引證方法要嚴加區别。……二、要劃清思想資料和思想體系的區别。』這些都是人所未言的。一九八六年四月，先生又在《文心雕龍》學會第二届年會上作了《關於目前文學研究中的兩個問題》的講話，并在其中表達了自己對傳統文化要素的獨特看法。先生認爲，這樣的要素有四個，即在創造力上表現的特點：心理素質，特有的思維方式、抒情方式和行爲方式，價值系統。面對學術界隨生隨滅的所謂『新學派』、『新學説』，先生在本年十一月的《新思潮與新成果》中發出告誡。先生引用黑格爾曾經援引過的《新約》裏的話，即當你埋葬前人的時候將要把你擡出去的人已經站在門口，批評趨新獵奇、隨心所欲、只憑好惡、任意擺弄的『各領風騷三五天』的所謂新理論。

戲劇評論是先生一直感興趣，也曾經投身其中的研究專業，不過有很長一段時間并無專文發表。八十年代中後期，樣板戲居然重新作爲革命宣傳與教育工作工具而被提倡，先生於是在一九八八年四月作了《論樣板戲及其他》的答上海人民廣播電臺記者問，後經修訂，改名爲《論樣板戲》。文章尖鋭地指出，樣板戲是三突出理論的實踐，兩者是密不可分的，而三突出理論所表達的那種個人崇拜根本就藴含著文化大革命的精神實質。文章發表後，得到廣泛的支持，不過，也有人寫信謾駡。九月，先生撰寫了《論傳統與反傳統——爲五四精神一辯》，其中對魯迅的評

價引起各種各樣的很大的關注。先生的主要意見是，魯迅直到逝世前才開始超脱左的思潮，顯示了不同於《二心集》以來的那種局限性，代表了一種精神上的升華。這個意見當然被絶大多數的真正研究者認爲是符合魯迅實際的。但是，後來也居然有一位『著名文藝理論家』在其所撰《從五四啓蒙中繼承什麽——重讀〈新民主主義論〉兼評〈新啓蒙〉的某些觀點》中説，他認爲這是『有意的歪曲，是自由化思潮慣用的伎倆』。真是不知所云了。實際上，先生此文的真正精義恐怕是對傳統文化特點的論斷以及對啓蒙運動中斷的原因所作的分析。先生認爲中國文化傳統具有這樣的特點：『靠意會不借助言傳的體知的思維方式，强調同一性忽視特殊性的尚同思想，以道德爲本位的價值系統。』側重於共性對個性的規範和制約忽視個性，以社會道德排斥自我，形成了一套固定的思想模式和倫理道德規範，使個性失去了主體性。這種固有偏見加上傳入的錯誤理論雙管齊下，是啓蒙運動中斷的重要原因。因此，不僅没有必要把責任推諉到救亡上去，而且，更不能由此得出結論，以爲必須反對學者與藝術家的參與意識，以爲有參與意識就會喪失獨立人格和獨立思考。先生是不贊同救亡壓倒啓蒙的説法的。

此年的先生是非常忙碌的。十月，先生主編的《新啓蒙》文叢出版。這份雜志的某次一般聚

會在不久後就被指責爲一場更大風波的源頭。上面提到的那位文藝理論家在同一篇文章裏説道：『所謂「新啓蒙」，……實際上不過是在召喚資産階級思想的亡靈，要我們「補」資産階級的課，用資産階級的文化觀、價值觀來改變中國的社會主義文化航向。』另一位化名的作者乾脆誣指《新啓蒙》爲『與四項基本原則尖鋭對立的資産階級自由化思潮之所以越演越烈』的重要原因，指責《新啓蒙》『具有機關刊物性質』，構成了自由化的『核心内容』。其實，《新啓蒙》的宗旨已由先生在第一本叢刊的『編後』中明確表述了：『理論的生命在於勇敢和真誠，不屈服於權貴，不媚時阿世。』這是先生一貫堅持的爲學態度，從無改變。一九八九年三月，先生爲顧准《從理想主義到經驗主義》撰寫了序言，顧准其人其書，他的經歷和思想，此後一直受到學術界的關注和尊敬。同年四月，先生在一次於北京舉行的文化發展問題座談會上，憂心忡忡地提出必須警惕和防止文化水平的下降。

進入九十年代後，先生更加高揚獨立思想、自由意志，在學術界首先倡導進行深入的反思。當時確實有一些人抱著『我没有什麽需要反思的』的心態，對先生的倡議無法理解。這是由於他們不了解先生提出這一倡議的心境和『反思』的真正内涵。先生的心境在《與友人談掌故書》裏有

所表露：『我也一樣覺得自己思想光亮太少。我實在覺得中國人民多災多難。論聰明，論才智，決不後人。百餘年來，仁人志士爲此家國，捨身忘己，忍大苦難，仍無法力挽狂瀾，促其新生。瞻望未來，茫茫不見光在何處，每念及此，不覺悲從中來。』在這樣沉重的心情之下，先生所説的『反思』，針對的不僅是外在於自身的社會狀況、運動思潮，而且同時或者毋寧説更多地是要反諸己身内心，就自己的心靈變化、思想演變進行毫不留情的清理和解剖。其結果自然會拋棄一些以前的觀點思想，如前面提到的有關黑格爾哲學的某些看法，發掘出一些過去被忽略的理論問題、思想潮流及其代表人物，從而在相當大的程度上改變了知識資源和思想構成。這也是先生九十年代極有創獲的學術思想的主要發展取徑。

一九九一年十一月，先生撰寫了《文心雕龍講疏序》，此文是進入九十年代後所作的第一次反思，對過去在黑格爾哲學思想影響下撰寫此書的某些觀點作了深刻的再思考。次年二月，先生撰《思辨發微序》。文中首次引用王船山的綜合情意説，認爲過去中國知識份子大都把自己的人格力量和學術良心滲透到治學中，并説道：『思想不能强迫別人接受，思想也不是暴力可以摧毀的。』五月，先生撰寫了致張灝教授的《與友人論海内外學風書》，在肯定了海外現代思潮的積極意義的同時，先生也表示不能接受那種六經注我或强人從己的理論和實踐。對海外有些學者所

使用的概括方法，先生援據自己有關黑格爾具體的特殊性的反思結果，表達了不同的意見。六月，先生撰寫了重要的《與友人談公意及其他書》，後改名爲《與友人談公意書》。這是先生對盧梭思想反思的重要成果。這個問題一直縈繞在先生心中很多年，先生像讀黑格爾時那樣反復詳細地重讀了《社會契約論》，寫下了密密麻麻的批注和筆記，後來在一九九八年還發表了《吴江與王元化關於〈社會契約論〉的通信》。爲了行文的方便，只能打破時序，在此一并敘述了。盧梭對羅馬民主制的矛盾態度首先引起先生的注意，然後以擒王的方法直搗《社會契約論》的核心——公意説。先生運用的還是上面幾次提到的對黑格爾哲學反思的結果：『盧梭的公意正如黑格爾的總念的普遍性一樣，這個普遍性將特殊性與個體性統攝於自身之内，從而消融了特殊性和個體性的存在。』先生斷言盧梭是一個徹頭徹尾的『集體主義者』，并且還引用了阿爾圖塞指出的《社會契約論》的『四大裂縫』，將之明瞭化：『盧梭的社會契約論最初是人民將自己的全部權利轉讓給集體，以公意作爲最高的指導。……締約的人民被稱爲主權者……另一方面他們又以締約者的另一重身份，作爲守法的臣民。前者是他們的權利，後者是他們的義務。』這種被抽掉了特殊

性和個體性的人民就是奴隸。先生指出：『公意需要化身，需要權威，需要造就出一個在政治道德上完美無缺的奇裏斯瑪式的人物。不幸的事實是，這種比人民更懂得人民自身需要的公意，只是一個幻想，一場虛幻。其實質不過是悍然剥奪了個體性與特殊性的抽象普遍性。以公意這一堂皇名義出現的國家機器，可以肆意擴大自己的職權範圍，對每個社會成員進行無孔不入的干預。一旦泯滅了個體性，抽象了有血有肉的社會，每個社會成員就得爲它付出自己的全部自由作爲代價。民間社會没有了獨立的空間，一切生命活力也就被窒息了。只有在國家干預有所限制的條件下，方能容納各種需求，使多元性、自發性、獨立性的公民意志得以溝通，達成真正的契約關係。』此文後來還被譯成英文發表，産生了極大的影響。

幾乎被學術史遺忘了的杜亞泉及其思想就是先生反思過程中重新發現的。一九九三年，先生撰寫了長文《杜亞泉與東西文化問題論戰》，全文分《杜亞泉簡介》、《活力的源泉》、《更新和保守》、《新思想辯》、《遊民與遊民文化》、《陳獨秀質問東方雜志》、《陳獨秀駁杜亞泉的統整説》、《功利主義之爭》、《動静説與調和論》、《道德繼承問題》、《時代條件與理念》，共十一節。不僅對現代思想史起了糾謬補缺的作用，而且還在東西文化比較研究上提出了許多值得重新認識和重新評價的問題。文章認爲：『這場論戰就其在文化史上的意義來説，是遠遠淩駕於以後發生的科玄論戰、民族形式問題論戰之上的。……這場論戰第一次對東西文化進行了比較研究，對兩種文化傳統作了周詳的剖析，對東西文化交流提出了各自不同的看法，實開我國文化研究之先河。以後文化研究中諸重大問題及對這些問題所持觀點，幾乎均可從這次論戰中見其端倪。其思路之開闊，論點之堅實，見解之深邃，往往難爲後人所超邁。……今天有關東西文化的研究，好像在重復這場論戰中一些重要觀點。但是今天很少有人提及這場論戰了，這不能不説是一件憾事。』

這段時間内，先生花了很大精力和心血主編了《學術集林》及叢書。在一九九三年八月出版的《學術集林》第一卷的後記中，先生針對當時出現的『學術出臺，思想淡化』的説法，提出了多一些有學術的思想和有思想的學術的意見，受到學界的歡迎與贊同。同年十一月，作《關於近年的反思答問》，其中説道：『這種反思之所以發生是鑒於自己曾經那麽真誠相信的信念，在歷史的實踐中已露出明顯的破綻。』先生著重談了對激進主義批判的反思：『從嚴複的《天演論》譯本開始，夾雜了斯賓塞觀點的社會進化論在我國成爲一種主導思潮』，而過去對其消極面認識較少。雖然諸如魯迅等前人對進化論有所反省，但是，『新的必勝於舊的』這種觀點毫無改變，并且

還使『激進主義享有不容置疑的好名聲』。這個現象至今仍然存在。先生在批判的同時，也表達了『文學上的流派是否也要像設計時髦衣服一樣，在那樣短的時間内來一次更新換代』？

京劇是先生從孩提時代起一直保持至今的愛好，現在也成了反思與研究的對象。一九九五年十月，先生的長文《京劇與文化傳統叢談》在《新民晚報》連載，讀者之多，超出想象，一時洛陽紙貴。此文討論的問題都有分節小標題標明：《大傳統與小傳統》、《京劇與傳統倫理》、《模仿説與比興説》、《演員、角色、觀衆》、《心物交融》、《善出善入》、《發展與承傳》、《假象會意自由時空》、《失敗的例子》、《魯迅談梅劇》、《有神傳真》、《成功的例子》、《振興與戲改》。全文在次年發表。先生爲撰此文查閲資料進行構思花了半年時間。文章其實遠遠溢出了京劇的範圍，兼及大小傳統關係、京劇的道德内涵、中國傳統藝術特徵等一系列問題。以這樣宏大的背景來觀照京劇，這是前人没有做過的工作。

五四是作爲『五四之子』的先生反復思考、反思、再思考的問題。一九九七年七月，《文彙讀書周報》刊登了《王元化關於五四的思考》。文章比較全面地表達了先生在這個問題上的最新看法。文中指出，用『文白之爭』和『新舊之爭』不足以概言五四文化，五四的内容更爲深遠廣闊。

民主與科學是否可以作爲五四主流還值得探討，而近年來受到廣泛注意的『獨立的思想和自由的精神』實是五四的一個重要特徵。先生認爲，五四的思想成就主要是『人的覺醒』。五四時期有四種流行的觀念值得注意：庸俗進化論、激進主義、功利主義、意圖倫理，它們對於我國的文化建設越來越帶來了不良的影響。先生還分析了五四反傳統的複雜性，提出五四并不是全盤反傳統，對諸子、民間文學還是肯定的，開闢了文化建設的新領域，但是將精英文化和士紳文化視爲必須予以打倒的貴族文化却帶有很大片面性。這些看法必定會給五四研究開拓出新的取徑。

清園先生的反思還在進行下去，遠遠未到總結的時候。這篇注定挂一漏萬的小文也必須打住了，我們在此謹引用一段先生一九八八年答劍橋國際傳記中心問時所説的話，作爲結束：

我希望於將來的是人的尊嚴不再受到凌辱，人的價值得到確認，每個人都能具有自己的獨立人格和獨立意識。我期望於青年的是超越我們這一代，向著更有人性的目標走去。

此文與亡友錢鋼合作